부동산 좀 아는 10대
땅이 땅을 이기는 법

사회 쫌 아는 십대 13

초판 1쇄 발행 2021년 10월 15일
초판 3쇄 발행 2023년 3월 31일

지은이 오승현
그린이 방상호
펴낸이 홍석
이사 홍성우
인문편집팀장 박월
편집 박주혜
디자인 방상호
마케팅 이송희 · 한유리 · 이민재
관리 최우리 · 김정선 · 정원경 · 홍보람 · 조영행 · 김지혜

펴낸곳 도서출판 풀빛
등록 1979년 3월 6일 제2021-000055호
주소 07547 서울특별시 강서구 양천로 583 우림블루나인 A동 21층 2110호
전화 02-363-5995(영업), 02-364-0844(편집)
팩스 070-4275-0445
홈페이지 www.pulbit.co.kr
전자우편 inmun@pulbit.co.kr

ISBN 979-11-6172-813-1 44300
979-11-6172-731-8 44080 (세트)

사회 쫌 아는 십대
부동산 쫌 아는 10대
땅이 땅을 이기는 법
오승현 글
방상호 그림
풀빛

차례

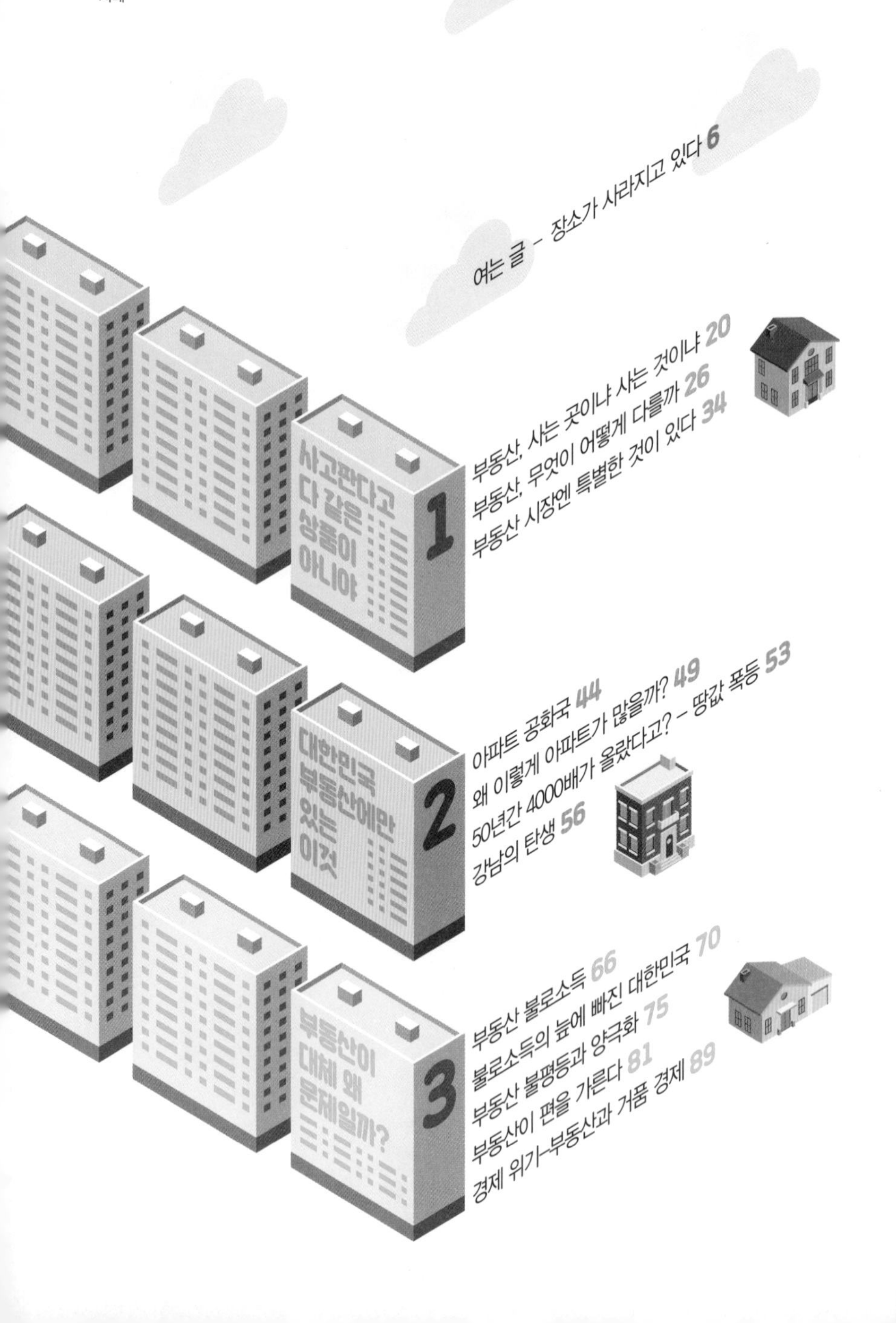

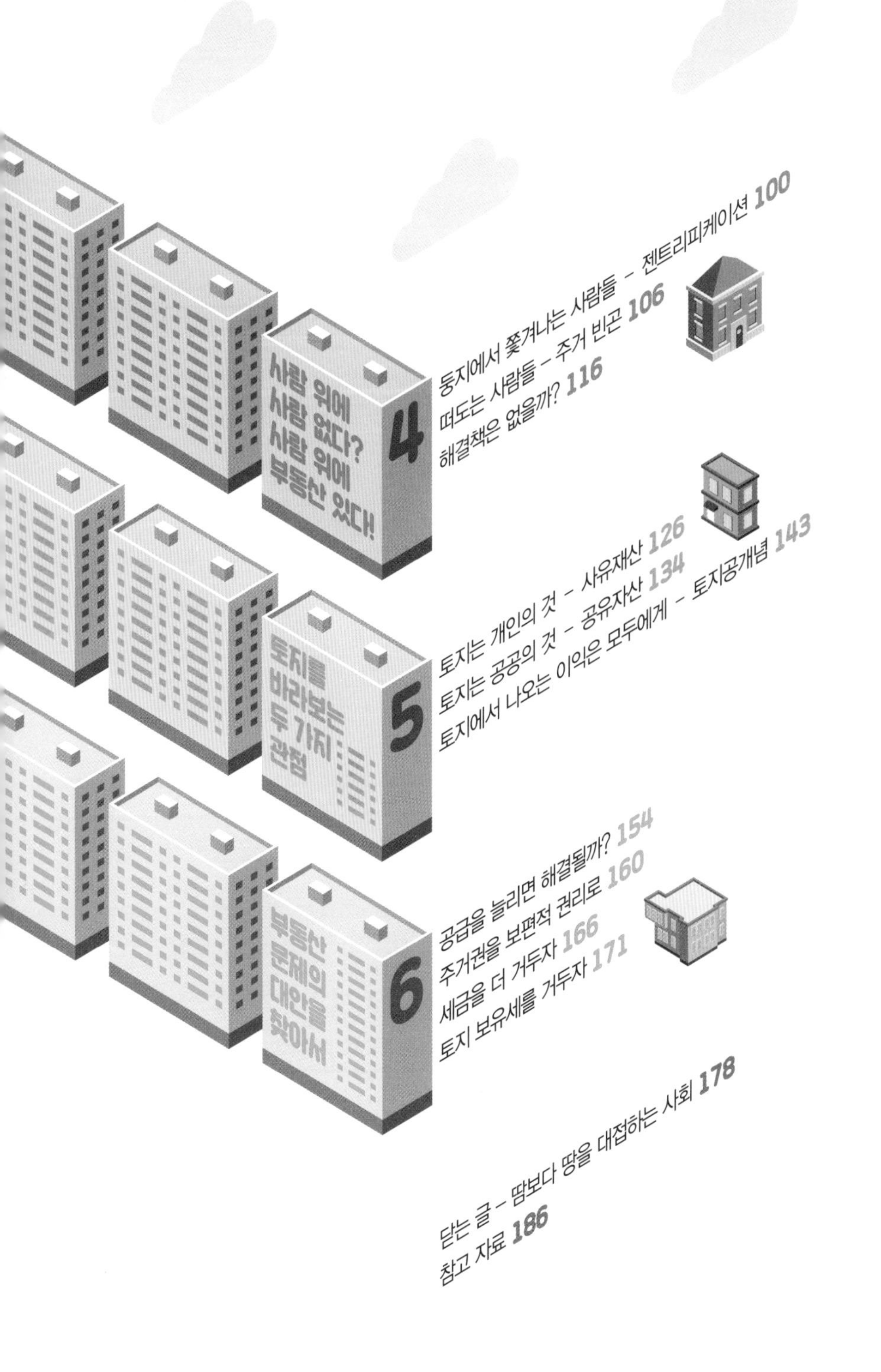

"값을 가지고 있는 모든 것은 가치가 적은 것이다." – 니체

땅이 전부다

"영화 그 자체인 것 같아요, 공간이." 〈기생충〉의 봉준호 감독이 어느 다큐멘터리에서 한 말이야. 인물이나 사건, 스토리라면 모를까 공간이 영화 그 자체라니! 선뜻 이해가 안 될 거야. 우리는 스크린 속 인물을 주시하지만, 인물은 늘 어떤 공간 속에 자리하지. 카메라가 보여 주는 대상은 인물 같지만, 화면을 자세히 보면 늘 공간 속의 인물이야. 우리는 배경을 통해 그 인물의 상황과 심리를 짐작하고 앞으로 벌어질 사건을 미루어 생각해. 공간이라는 배경은 때로 인물이 하는 백 마디 말보다 더 많은 말을 건네지.

〈기생충〉에서도 공간이 중요한 역할을 해. 기택의 반지하 집과 박 사장의 저택은 빈자와 부자의 계층을 상징적으로 보여 주지. 반지하 공간은 빈자의 집을 상징하고 저택은 부자의 집을 상징해. 저택은 높은 곳에 위치하지. 반면 가난한 이들은 반지하처럼 지면보다 아래에 살아. 게다가 기택의 반지하 집은 지대까지 낮아서 장마철에는 집 안이 온통 물바다가 되지. 〈기생충〉에서 집이라는 공간은 다른 무엇보다 빈부 격차를 잘 보여 주는 장치야.

우리가 잘 의식하지 못할 뿐, 자리(공간)는 일상의 거의 모든 것이야. 먹고살려면 일자리가 있어야 하고, 잠을 자려면 잠자리가 필요하고, 이부자리도 있어야지. 우리가 사는 집도 자리(보금자리)고, 내 방도 나만의 자리야. 죽을 때는 묏자리가 있어야 해. 한 인간이 사는 자리, 한 인간이 앉는 자리가 그 사람의 인격을 만들지. 습관을 뜻하는 'habit(해빗)'이라는 단어는 이를 잘 보여 주지. 'habit'과 어원이 같은 'habitat(해비타트)'는 주거지, 서식지를 뜻하거든. 자신이 사는 곳에 따라 일정하게 형성된 행동 양식이 바로 습관인 셈이야.

자리의 기본은 땅이야. 삶의 모든 것들이 땅에서 이루어지지. 우선 농사를 짓고 먹고살려면 농지가 필요해. 사람이 집을 짓고 살아가려면 택지가 있어야 하고, 생활환경을 보존하는 데는 녹지가 요구되지. 어디 그뿐인가. 산업 활동을 위해선 산업 용지가, 즐기고 소비하려면 상업 용지가, 사회 간접자본에는 공용 용지가 필요하지. 삶의 터전으로서 땅은 그렇게 중요해. 인류사를 수놓은 수많은 전쟁은 땅을 둘러싼 전쟁이었어.

1966년 일본의 작은 농촌 마을에 청천벽력 같은 소식이 전해졌어. 마을을 없애고 그 자리에 공항을 짓는다는 소식이었지. 공항 건설로 삶의 터전이 파괴될 위기에 처한 주민들은 격렬하게 반대하며 싸웠어. 그중에는 정부가 주는 보상금을 거부한 채 10년 넘게 싸운 한 청년이 있었고. 안타깝게도 희망이 보이지 않자 청년은 끝내 목을 매고 말았지. 1966년 일본의 산리즈카라는 농촌 마을에서 벌어진 실화야(이 이야기는 만화가 오제 아키라의 《우리 마을 이야기》에 실려 있어).

현재 산리즈카에는 나리타 공항이 세워졌어. 그러나 끝까지 퇴거를 거부한 농민들은 활주로 사이에 섬처럼 고립된 채 살아가지. 마을을 떠나지 못하고 활주로 사이에서 곡예와 같은 삶을 사는 이유가 뭘까? 그들에겐 그곳이 특별한 장소이기 때문이지. 우리에게도 비슷한 사례가 있어. 밀양에서 송전탑 건설을 반대하며 싸운 할머니들이야. 돈 때문이 아니었어. 정든 고향 땅을 지키려는 거였지. 할머니들은 "조상 대대로 살아온 이곳에서 편히 살 수 있게 내버려 두라."고 호소했어.

인간은 자신을 둘러싼 세계를 그 밀착도에 따라 경관(landscape), 공간(space), 장소(place)로 나누지. '경관'은 여행지에서 "경치가 참 좋다", "풍경이 기가 막히다"라고 말할 때의 경치와 풍경이야. 경치와 풍경은 내 바깥에 존재하며 내 눈을 통해 들어오지. 경치와 풍경은 스쳐 지나가는 곳이자 멀찍이서 바라보는 곳이야. 나는 경치와 풍경 안에 있지 않아. '공간'은 내가 그 속에 있기는 하지만 아직 의미 있는 관계로 맺어져 있지 않은 곳이야. 반면 '장소'는 우리가 그 속에 있으면서 의미 있는 관계로 맺어져 있는 공간이지. 공들여 일구고 가꾼 공간이 장소야.

추상적인 공간에 경험과 의미가 더해지면 장소가 돼. 장소는 물리적인 공간도 중요하지만 거기서 보냈거나 보내는 시간이 무엇보다 중요하지. 《어린 왕자》에는 "네가 네 장미에게 바친 시간 때문에 그 장미가 그토록 소중해진 거야."라는 대사가 나와. 여기서 시간은 그냥 흘려보내는 시간이 아니지. 마음과 정성을 쏟아 의미 있게 만드는 시간이야. 어떤 공간 속에서 살아온 시간이 켜켜이 쌓이면 그곳은 장소가 되지. 켜켜이 쌓인 시간을 추억, 더 나아가 역사라고 불러. 추억은 어떤 공간에서 보낸 시간이 갈무리된 결과야. 추억을 간직한 곳은 세상에 둘도 없는 장소가 되지.

장소가 사라지면 우리도 사라진다

픽사에서 만든 〈업(Up)〉(2009)이라는 애니메이션이 있어. 주인공은 얼마 전 사랑하는 아내와 사별한 칼 할아버지. 집 주변은 재개발이 한창이야. 어느 날 공사 책임자가 찾아와 집을 아주 비싼 값에 사겠다고 제안하지만, 할아버지는 제안을 단칼에 거절하지. 같은 집을 두고 공사 책임자와 할아버지의 생각은 전혀 달라. 공사 책임자에게 집은 그저 재산일 뿐이야. 언제든 손쉽게 사고팔 수 있는. 시세보다 비싸게 사 주면 누구든 팔 수밖에 없다고 생각해. 그러나 할아버지에게 집은 아내와의 추억이 깃든 장소야. 그래서 억만금을 준다 해도 팔지 않을 태세지.

이처럼 집은 두 가지 의미를 동시에 지니고 있어. 거주와 생활의 공간인 동시에 경제적 가치를 창출하는 부의 원천이야. 후자의 의미일 때 우리는 집을 부동산이라고 부르지. 점점 더 부동산으로서 집의 가치가 중요해지고 있어.

《어린 왕자》에는 "어른들은 창가에 제라늄 화분이 놓여 있고 지붕 위로 비둘기가 날아드는 멋진 빨간 벽돌집이라고 하면 관심이 없고, 100만 프랑짜리 집이라고 해야 비로소 멋진 집이라고 경탄한다."라는 대사가 나오지. 재산으로서의 집, 재산 증식의 수단으로서의 집에만 관심을 두는 태도를 꼬집는 내용이야.

집과 땅을 사고팔 수 없다는 게 아니야. 인간 생존에 필수적인 공간이 재산 증식 수단으로 전락함으로써 많은 모순이 벌어진다는 게 문제야. 장소는 값을 매길 수 없는 공간이야. 값을 매길 순 없지만 '가치' 있는 곳이지. 니체의 말처럼 진정 '가치' 있는 것은 값을 매기기 어렵거든. 그런 장소에 부동산이라는 꼬리표가 달리면 값이 매겨지고, 그저 사고파는 물건이 되고 말지. 그리고 장소는 사라지는 거야. 시장이라는 미궁 속으로.

거의 모든 공간이 부동산으로 전락했어. 재산 증식 수단으로 말이야. 그러면서 우리가 깃들일 장소가 점점 사라지고 있어. 도시재개발은 원주민이 정든 집을 떠나게 만들고, 임대료 상승은 작지만 괜찮은 가게를 쫓아내고 있어. 이렇게 둥지에서 내몰리는 걸 젠트리피케이션이라고 부르지. 재개발, 젠트리피케이션… 꼭 특정 동네, 유명 동네만의 이야기가 아니야. 동네의 단골집처럼 추억이 깃든 장소가 어느 날 갑자기 사라지는 거야. 전월세 세입자들은 주기적으로 살 곳을 옮겨야 하지. 장소가 누군가에겐 돈벌이의 수단인 탓이야.

천정부지로 치솟는 집값과 전월세 보증금, 그 탓에 세계 1위로 자주 이사 다니는 한국인. 매년 다섯 명 중 한 명이 사는 곳을 다른 데로 옮겨. 〈2019년도 주거 실태 조사〉에 따르면 자가 소유자의 평균 거주 기간은 10.7년이었지. 반면에 전월세 가구의 평균 거주 기간은 훨씬 짧았어. 전세 거주 기간은 3.0년이었고, 월세 거주 기간은 3.2년이었지. 직장이나 교육 등 분명한 이유가 있어서 집을 옮기는 경우도 있지만, 잦은 이사의 주된 원인은 임대료 인상이야.

장소가 사라지고 있어. 산업화와 세계화가 도처에서 장소를 파괴하면서 장소 없는 존재를 양산하지. 비정규직과 일용직은 정붙일 장소를 갖지 못한 채 떠돌고, 열대 우림이 벌목되면서 아마존에 사는 원주민들은 삶의 터전을 빼앗기지. 인간만 장소를 빼앗긴 게 아니야. 과자 등을 만드는 데 사용하는 팜유를 생산하기 위해 밀림이 파괴되면서 많은 야생 동물들이 멸종 위기를 맞지. 지구온난화로 시름하는 수많은 동물들이 삶터를 떠나고 있어.

"한국은 자산이나 상품이 아니라 인권으로서의 주거 개념으로 인식을 전환해야 한다." 2018년 5월, 한국을 방문해 주거권 실태 조사를 벌인 유엔(UN) 주거권 특별보고관이 한 말이야. 특별보고관은 대규모 재건축 사업이 지역사회를 파괴하고 사람을 내쫓는다고 지적했지. 또, 대한민국 정부가 임차인에게 계약 갱신권을 보장하고 임대료 상한제를 도입해 거주 안정성을 높여야 한다고 권고했어. 유엔 특별보고관은 우리가 잊어버린 가치를 일깨우지. 집은 시장에서 거래되는 상품이기 이전에 사람이 머물고 깃드는 '삶의 장소'라는 거야. 집은 '사는 것'에서 '사는 곳'이 되어야 해.

부동산에 매몰된 사회

'미친 부동산!' 부동산이 들썩일 때마다 언론에 나오는 표현이야. 최근엔 '영끌', '빚투' 같은 표현도 등장했지. 영혼을 끌어모아서라도(영끌) 집을 사야 하고, 그렇게 해서도 집을 살 수 없는 이들은 빚내서 주식 투자라도(빚투) 해서 자산 격차를 줄이기 위해 발버둥 친다는 거야. 부동산 가격이 천정부지로 오른 탓이지. 부동산 가격, 더 정확히는 땅값이 오른 이유는 부동산 투기 때문이고.

부동산 투기는 어제오늘의 일이 아니지. 그에 따른 부동산 가격 폭등도 마찬가지야. 사람들이 부동산 투기에 빠져드는 이유가 뭘까? 부동산이 주는 과도한 초과이익, 즉 부동산 불로소득 때문이야. 부동산을 사고파는 행위를 통해 큰 이익을 거둘 수 있다는 기대가 투기를 불러일으키지. 한국은 50층 이상 주거용 초고층 건물을 세계에서 네 번째로 많이 보유한 나라야. 땅값이 비싼 곳에 주거용 건물을 지으려다 보니 최대한 높이 쌓아 올리는 거지.

애덤 스미스는 《국부론》에서 "지대 또는 토지 임대료는 주인이 아무런 노력도 없이 얻는 소득"이라고 했어. 토지에서 얻는 이익이 불로소득이라는 점을 분명히 꼬집은 거지. 부동산 불로소득은 수많은 문제를 낳아. 첫째, 토지의 적절한 사용을 방해해. 이용을 위해서가 아니라 불로소득을 위해서 토지를 거래하거든. 둘째, 생산 활동에 쏟아야 할 자원과 에너지를 온통 투기로 몰아넣어. 셋째, 불로소득은 생산적 노력과 기여에 대한 보상이 아니므로 분배 정의를 훼손하지.

노력 차이에 따른 소득을 '노력 소득'이라고 해. 노력의 차이에 따라 빈부가 갈리면 사람들은 어느 정도 수용하지. '내 노력이 부족했구나' 그렇게 생각하거든. 그런데 운과 특권에 따라 빈부가 나뉘고 그 격차가 굳어지면 사람들은 불만을 품지. 운과 특권에 따른 소득이 바로 '불로소득'이야. 경제가 건강하게 성장하는 방법은 의외로 간단해. 노력 소득의 기회를 보장하는 거야. 사회 전체가 노력 소득보다 불로소득을 추구하면 그 사회의 미래는 어둡지. 대한민국이 그렇게 가고 있는 건 아닐까?

일부 투기꾼만 투기에 몰두한다면 상관없어. 문제는 부동산 불로소득이 커질수록 사회 전체가 투기에 열을 올린다는 점이야. 지금 대한민국의 상황이 정확히 그렇지. 개인이든 기업이든 모두가 부동산 투기에 열을 올리고 있어. 청소년이 선호하는 직업 중에 건물주가 앞자리를 차지한다는 사실은 부동산에 매몰된 한국 사회를 상징적으로 보여 주지.

대한민국이 100명으로 이루어진 마을이라면 2018년 기준으로 1명이 전체 토지의 약 53.6퍼센트를 소유하고 있고, 10명이 96.5퍼센트를 차지하고 있어. 상위 10퍼센트가 전체 토지의 대부분을 가지고 있는 게 정상일까? 100명 중에서 66명은 토지를 갖고 있지 않아. 헨리 조지는 "땅 한 조각도 갖고 있지 않은 사람에게 어떻게 그의 국가가 있다고 말할 수 있단 말인가."라고 말했어. 토지를 고르게 나눠야 해. 그게 꼭 물리적으로 토지를 나누자는 뜻은 아니야. 토지에서 얻는 불로소득을 거둬 골고루 나누면 되지.

사회주의를 하자는 게 아니야. 부동산 투기의 원인이 과다한 불로소득에 있다면, 불로소득의 발생을 차단하거나 환수하지 않는 이상 투기를 잠재우기는 불가능하지. 투기를 잠재우지 못한다면 시장 경제도 제대로 작동하기 어려워. 특권과 운에 기반한 부동산 불로소득을 독점하도록 놔두면 기업과 인재조차 부동산 투기에 몰리지. 땅이 비싸 공장은 해외로 떠나고 기업들은 생산 활동은 뒷전이고 땅으로 돈을 벌고. 이것은 건전한 시장 경제가 결코 아니야. 시장 경제가 제대로 작동하기 위해서라도 부동산 투기를 뿌리 뽑아야 하지 않을까?

사진 부동산 투기가 만든 도심의 거인. (출처: unsplash.com)

1장
사고판다고
다 같은 상품이
아니야

"땅을 사세요.
땅은 더 이상
새로 만들어지지 않으니까."
-마크 트웨인-

부동산, 사는 곳이냐 사는 것이냐

부동산(real estate)은 '토지와 거기에 부착된 정착물'을 뜻해. 부동산(不動產)은 말 그대로 '동산이 아닌 재산'이야.

동산(動產)은 움직여 옮길 수 있는 재산이지. 돈이 대표적이야. 증권, 채권 등도 있고 귀금속, 자동차 등도 있어. 이와 달리 부동산은 옮길 수 없는 재산이야. 튼튼히 자리 잡고 있어서 움직이기 어려운 재산이지. 민법 제99조 제1항은 부동산을 "토지 및 그 정착물은 부동산이다."라고 정의해. 토지는 알겠는데, 정착물이 뭐냐고?

정착(定着)이라는 한자어대로 '붙어 있는 어떤 것'이겠지? 건축물이 대표적이지만, 건축물만 있는 건 아니야. 정착물은 자연적 정착물과 인공적 정착물로 나뉘거든. 자연적 정착물은 나무, 바위, 농작물 등을 가리키지. 땅 위에 있든 땅속에 있든 모두 토지에 속해. 흙, 돌, 물(지하수, 온천수) 등은 모두 토지에 포함되지. 다만 예외적으로 땅속 광물은 부동산에 포함되지 않아. 미채굴 광물의 채굴권이 국가에 있거든(광업법 제2조). 건물은 인공적 정착물에 속하지. 또 구축물도 있어. 도로, 가로등, 주차장, 하수관 등이 포함되지. 여기까지가 인공적 정착물이야.

민법 제212조는 "토지의 소유권은 정당한 이익이 있는 범위 내에서 토지의 상하에 미친다."고 규정하지. 여기서 '상하'에 주목할 필요가 있어. 그러니까 지표 위아래가 모두 소유 대상이라는 거야. 땅에 대한 소유권은 지표권, 공중권, 지하권을 포괄하지. 지표권은 땅 위에 집을 짓거나 농작물을 심어 이용할 수 있는 권리야. 공중권은 땅 위 공중을 일정한 높이까지 이용할 수 있는 권리고, 지하권은 땅 밑 지하 공간을 일정한 깊이까지 이용할 수 있는 권리야.

그럼 지하 어디까지일까? 딱히 정해진 깊이는 없어. '일정한 높이', '일정한 깊이'라는 표현이 모호하지? 대략 지상에 3층 높이의 건물이 있다면 그 정도 깊이까지라고 보지. 그럼 공중으로는 무한히 지어 올릴 수 있을까? 이것 역시 정답은 없어. 건축 허가가 나면 가능한 거고, 허가가 안 나면 불가능한 거지. 지자체의 결정을 수용할 수 없다면 법원에 판단을 구하면 돼. 자기 땅에 집을 짓고 건물을 올리는데 규제가 너무 심한 거 아니냐고? 뒤에서 살펴볼 토지의 공공적 성격 때문이야.

의식주(衣食住). 이 중에서 옷과 음식은 기본적으로 팔 생각을 하고 사지 않아. 소비 자체가 목적이거든. 물론 옷은 나중

사진 1-1 땅이 너무 낡거나 오래되어서 못쓴다는 소리를 들은 적 있는가. 세월이 흘러도 땅은 변하지 않는다. 다만 어떤 곳에 있는 땅이냐에 따라 그 가치가 다를 뿐이다. 하늘에서 내려다본 베트남의 농지. (출처: unsplash.com)

에 중고로 팔 순 있지만 어쨌든 내가 당장 쓰려고 사는 측면이 강하지. 그런데 부동산은 달라. 집은 나중에 되팔지. 집은 주거 공간이자 자산이야. 특히 땅이 특별해. 건물은 시간이 지나면 팔기 어렵게 될 수도 있어. 너무 낡거나 오래된 집처럼 말이야. 그런데 땅은? 아무리 시간이 흘러도 변하지 않지.

그 자리에 그대로 있어.

핵심은 건물이 아니라 땅, 정확히는 땅의 위치야. 같은 건물도 위치가 달라지면 가격이 달라져. 건물 가치는 시간이 지날수록 줄어들지. 당연해. 건물이 낡을수록 가치는 떨어지게 되니까. 반면에 토지는 그렇지 않아. 가령 지은 지 30년도 더 된 강남의 재건축 예정 아파트들의 건물 가치는 0원에 가깝지. 그렇지만 실제 거래 가격은 상상을 초월해. 역시 강남이라는 땅의 위치 때문이야. 물론 여기에는 재건축될 때 얻게 될 이익, 즉 늘어날 평수와 예상되는 시세 차익(시세 차익도 결국 토지에서 발생하는 거야)이라는 미래 가치도 반영돼 있어.

서울의 집값도 마찬가지야. 서울에서 평당 1억 원이 넘는 아파트들은 땅값을 제외하면 아파트 평균 건축비는 평당 1000만 원도 안 되지. 그럼 나머지 9000만 원은 뭘까? 바로 땅값이야. 《땅과 집값의 경제학》에 따르면, 1950년에서 2012년 사이에 14개 선진국에서 집값이 오른 원인 중 81퍼센트가 땅값 상승에서 비롯했고 19퍼센트만 건축비 상승에서 비롯했어.

서울 명동에서 땅값이 가장 비싼 곳은 1㎡당 가격이 2억 가까이 되지. 1㎡는 사람 한 명 앉아 있을 만한 크기야. 역시 위치 때문이야. 명동은 유동 인구가 많다는 이점이 있어. 유동 인구가 많다는 건 장사가 그만큼 잘될 수 있다는 거고, 그러니 세입자에게 임대료를 더 많이 받을 수 있겠지. 그래서 그런 곳에 위치한 건물은 더 비싼 거야. 그게 우리랑 무슨 상관일까? 김밥을 사 먹으면 김밥값에 임대료가 포함돼 있어. 세입자의 부담은 전적으로 소비자의 부담으로 전가되지.

그래서 땅값이 비싼 곳에 위치한 가게는 그렇지 않은 가게보다 물건값이 더 비싸기 마련이야. 파리바게뜨, 뚜레쥬르 같은 프랜차이즈 빵집들도 똑같은 브랜드, 똑같은 빵인데 지역마다 가격이 다르지. 예를 들어, 2019년 기준으로 뚜레쥬르의 '낙엽 소시지 브레드'라는 빵은 강남점에서 2700원에 팔았지만 신림사거리점에선 1800원에 팔았어. 뭉뚱그려서 부동산 문제라고 말하지만, 사실은 땅이 핵심이자 본질인 셈이야. '부동산 문제 = 땅 문제'로 이해하면 되지.

우리는 땅을 살 때 흙 성분을 따지지 않아. 농부에겐 토질이 중요할 수 있지만, 일반적으로 땅을 살 때 토질은 고려 대상이 아니야. 두 곳의 토지를 놓고 가치를 따질 때 핵심은 토지의 성분이 아니지. 토지에서 핵심적인 차이는 위치뿐이야. 즉 토지의 위치가 토지의 가치를 결정해. 부동산 업계에선 보통 '입지'라고 말하지. "판매자 여러분, 주목하세요. 위치, 위치, 위치가 생명입니다. 로저스 공원 근처예요." 1926년 〈시카고 트리뷴〉에 실린 부동산 광고 내용이야. 100년 전에도 지금과 다르지 않았어.

점점 더 삶의 터전으로서의 주택 개념이 희미해지고 투기 상품으로서의 부동산 개념이 뚜렷해지고 있어. 집에 집이 없는 거야. 집값이 가파르게 오를수록 더 그래. 철학자 하이데거는 "오늘날의 집은 왜곡되고 비뚤어진 현상이다. 집이 주택과 동일해졌다."라고 했어. 한곳에 정붙이고 쭉 살지 않고 집을 갈아타지. 더 투자 가치가 높은 곳으로. 장소에 뿌리내리지 못하고 뿌리 뽑힌 삶을 사는 거야. 앞에서 살펴본 것처럼 공간은 팔 수 있지만 장소는 팔 수 없어. 그런데 그런 장소를 제대로 갖지 못한 채 부유하듯 이리저리 떠돌지. 현대인은 집을 잃은 존재인지도 몰라.

"집은 사는 것이 아니라 사는 곳입니다." SH공사의 장기전세주택 'SHIFT' 광고 문구야. 집을 사고파는 상품이 아닌 삶의 공간으로 바라봐서 많은 공감을 얻은 광고지. 거처를 잃은 채 살아가는 사람들에게 큰 공감을 줬어. 집은 사는(live) 곳이자 사는(buy) 것이지만, 현실에서는 사는 곳의 의미보다 사는 것의 의미가 더 커진 듯해. 결국 부동산이 문제야.

오랜 세월 아일랜드는 영국의 식민지였어. 식민지 아일랜드는 살기에 매우 척박했지. 19세기 중반 영국의 수탈과 감자 대기근으로 200만 명이 굶어 죽고, 200만 명이 해외로 떠났어. 죽거나 떠난 사람만 전체 인구의 절반이었지. 경제학자 헨리 조지의 《사회문제의 경제학》에는 당시 아일랜드의 어느 지역에서 100가구를 이민 보낸 관리가 보고한 내용이 나오지. 관리는 100가구의 재산을 모두 합해도 3파운드밖에 안 됐다고 보고했어.

1892년 아일랜드인 조셉 도넬리는 미국 오클라호마에서 땅을 공짜로 나누어 준다는 전단지를 받지. 갖은 고생 끝에 오클라호마에 도착한 조셉. 땅을 배분하는 규칙은 간단해. 정해진 시간 안에 가장 멀리 간 사람에게 간 거리만큼의 땅을 주는 방법이지. 물론 공짜로 말이야. 조셉은 가진 돈이 적어 어쩔 수 없이 통제 불능의 야생마를 한 마리 사게 돼. 주먹을 한 대 날려 날뛰는 야생마를 고분고분하게 만들고선 그 말을 타고 가장 멀리까지 가지. 영화 〈파 앤드 어웨이(Far And Away)〉(1992)의 내용이야.

천부성
부동성
영속성

처음부터 미국은 이주민들에게 땅을 거의 무상으로 나눠 줬어. 1796년에 '공유지 불하법(Public Land Act)'이 제정됐지. 불하(拂下)는 국가가 재산을 개인에게 팔아넘긴다는 뜻이야. 이 법에 따라 이주민들은 1에이커(약 1200평)의 땅을 고작 2달러에 구입할 수 있었어. 남북전쟁 시절인 1862년에 만들어진 '자작농법(Homestead Act)'은 더 파격적이었지. 서부의 모든 농민에게 160에이커, 즉 축구장 100개를 합친 땅을 공짜로 나눠 줬어. 공유지 매각은 19세기 내내 이뤄졌지.

그러나 현실에서 저런 일은 매우 드물어. 땅이 희소하기 때문이야. '자원의 희소성'을 이야기하는데, 정말 정말 희소한 자원이 땅이지. 지구 표면적은 5억 1000만㎢야. 이 중 71퍼센트인 3억 6000만㎢는 물로 덮여 있어. 19퍼센트는 사막이나 빙하처럼 사람이 살 수 없는 곳. 결국 지표면의 10퍼센트에 78억 명의 세계인이 살아가지. 미국 건국 초기, 영토는 있는데 국민이 없기 때문에 땅을 나눠주는 일이 가능했어.

천부성(공급 고정성)▲ 토지는 천부(天賦) 자원이야. 사람이 만들지 않았고 만들고 싶어도 만들 수 없지. 필요하다고 해서 새로 만들 수 있는 물건이 아니야. 다른 물건들은 사람의 손을 거쳐 생산할 수 있지만, 토지는 그럴 수 없어. 산지의 개간이나 바다의 간척은 뭐냐고? 개간이나 간척 등을 통해 토지를 늘릴 수 있지만, 엄밀히 말하면 이것은 토지의 이용 전환이지 생산이 아니야. 영해가 영토 안에 포함되는 것처럼, 바다 역시 토지거든. 물 밑에 땅이 있잖아? 결국 토지의 공급은 고정돼 있다고 말할 수 있지.

다른 상품은 수요에 비해 공급량이 부족하면 더 생산하면 그만이야. 농수산물, 공산품 등은 더 생산할 수 있지. 그러나 땅과 집은 달라. 땅은 만들 수 없고, 집은 만드는 데 시간이 걸리지. 땅은 공급이 줄어들지도, 늘어나지도 않아. 물론 주거용 토지, 농업용 토지, 상업용 토지 등 특정 용도의 토지만 놓고 보면 토지 공급이 늘어나는 것처럼 보이지. 그런데 주거용 토지가 늘어나면 그만큼 다른 용도의 토지는 줄어들게 돼. 결국 전체 토지의 양이 고정돼 있다는 사실엔 변함이 없어.

집은 택지 개발, 주택 건설 등 공급하는 데 시간이 오래 걸리지. 재개발이나 재건축 등도 수년 안에 이뤄지는 게 아니야. 즉, 수요의 변화에 신속히 대처하기 어려워. 수급 조절에 시차가 존재한다는 거지. 이를 경제학에서는 '부증성(더 늘어나

▲ 사실 천부성과 공급 고정성이 완전히 똑같은 건 아니야. 인간이 토지를 만들 수 없기 때문에 인간의 마음대로 공급할 수 없다는 점에서 천부성과 공급 고정성은 밀접한 관련이 있어.

지 않는 성질)에 따른 공급의 비탄력성'이라고 표현해.

토지의 천부성은 토지공개념(土地公概念)의 근거가 되기도 해. 토지공개념은 토지 소유권을 일정하게 제한하고 토지에 공공적 의미를 부여하는 개념이야. 국어사전은 토지공개념을 "다른 소유권과는 달리, 국민의 생활 기반이 되는 토지를 (공적) 자원으로 인식하여 사적인 토지 소유권에 제한을 가하고

사진 1-2 바늘 하나 꽂을 데 없이 빽빽한 빌딩의 숲. 토지 수요가 증가한다 해도 토지 공급은 쉽지 않다. (출처: unsplash.com)

공공적 의미를 부여하는 개념을 이르는 말"이라고 풀이하지.

부동성(위치 고정성) 우리나라에는 약 3800만 필지의 개별 토지들이 있어. 필지란 등기부상에서 하나의 토지로 간주하는 토지 단위야. 3800만 개의 서로 다른 토지가 있는 거야. 면적이나 형태뿐만 아니라 위치가 서로 다르지. 어떤 위치에 있느냐에 따라 토지의 가치가 달라지지. 흔히 '목이 좋다'는 곳이 바로 좋은 위치야. "세 가지 요인이 토지 가치를 결정한다. 그것은 바로 위치, 위치, 그리고 위치다." 토지의 가치에서 위치의 중요성을 강조한 서양 격언이야.

토지를 이루는 토양이나 광물 등은 옮길 수 있지만, 토지 그 자체는 옮길 수 없어. 한 지역에서 수요가 늘어난다고 다른 지역에서 가져올 수 없는 등 다른 상품과 달리 공급이 고정돼 있지. 만약 광주나 부산 등에서 생필품 수요가 증가해서 재고가 부족하면 어떻게 할까? 다른 지역의 재고를 가져다 팔겠지. 따라서 일반적인 상품의 경우, 필요에 따라 얼마든지 이동시킬 수 있기 때문에 위치는 특별한 의미를 갖지 않아. 부동산 가격이 특정 지역에서 가파르게 상승하는 건 다른 지역으로 옮길 수 없는 특성 때문이야.

지리적으로 위치가 고정돼 있기 때문에 토지 자체는 원래 거래가 불가능해. 그게 무슨 소리냐고? 현재 토지가 늘 거래되고 있는 건 그럼 뭐냐고? 토지 거래를 부정하는 게 아니야. 토지 자체를 들고 다닐 순 없잖아? 즉, 부동산 거래는 부동산 자체를 거래하는 게 아니라 부동산에 대한 권리를 거래하는 거야. 부동산은 그 자리에 그대로 있는데 그것에 대한 권리가 이 사람에게서 저 사람에게로 옮겨 가지. 또한, 금융기관에서 돈을 빌려줄 때 토지를 담보로 받는 이유도 토지를 옮길 수 없기 때문이야. 땅을 짊어지고 도망갈 순 없으니까.

토지는 위치가 고정되어 있기 때문에 외부 효과를 일으켜. 외부 효과란 어떤 경제 주체의 경제 활동(생산이나 소비)이 일정한 보상이나 대가를 받지 않고 다른 경제 주체의 생산이나 효용에 직접 영향을 주는 현상이지. 가령 양봉 농장 근처에 과수원이 있어서 벌꿀 생산량이 늘어나는 경우는 긍정적 외부 효과의 사례야. 반면 공장 폐수가 주변 양식장에 주는 피해는 부정적 외부 효과의 사례지. 토지는 반드시 다른 토지와 연결되어 있어. 따라서 특정 토지의 개발과 사용은 이웃 토지에 영향을 주기 마련이야.

영속성(불변성) 다른 재화는 오랜 세월 사용하면 마모가 돼 가치가 떨어지지. 인간이 만든 것 중에 영원한 것은 없어. 어떤 물건도 수천, 수만 년 보존되기 어렵지. 단 하나 예외가 있다면 원자력 폐기물 정도가 있을 거야. 원자력 폐기물의 방사능은 10만 년까지 유지되거든. 그럼에도 지구가 탄생할 때부터 있었던 토지에 비하면 '새 발의 피'라고 할 수 있어.

토지는 오랜 세월이 흘러도 소멸하지 않고 그 자리에 그대로 존재하는데 이를 영속성이라고 해. 토지 위에 집을 지을 수 있고 커다란 건물을 세울 수도 있지만, 그 아래 토지는 그대로잖아? 닳아 없어지지도 않고 가치가 떨어지지도 않지. 토양의 비옥도가 달라질 순 있어도 땅은 그대로야. 홍수 등으로 흙이 유실될 순 있지만, 토지 자체가 사라지는 건 아니지. 사람이 태어나고 죽고 세대가 바뀌고 나라가 흥망성쇠를 거듭하고 문명이 달라져도 땅은 늘 그 자리 그대로야.

부동산은 일반적인 상품과 달리 근대 이후에 본격적으로 거래되기 시작했어. 방금 살펴본 것처럼 부동산, 특히 토지가 일반적인 상품과 매우 달랐기 때문이야.

달 소유권을 주장하는 미국인 데니스 호프(Dennis Hope)는 1980년에 '달 대사관'을 세우고 달에 있는 땅을 팔고 있어. 전 세계 197개국에서 달 대사관을 운영하며 분양 중이야. 유엔(UN)은 달 대사관과 그 활동을 인정한 적 없지만, 전 세계적으로 600만 명이 달의 땅을 구입했어. 조지 W. 부시 전 미국 대통령과 배우 톰 크루즈, 가수 브리트니 스피어스 등이 달

대사관을 통해 토지를 샀다고 해. 한국 투자자도 1만 명 가까이 되는 것으로 알려지지.

어떻게 이런 황당한 일이 벌어졌을까? 1967년 제정된 유엔의 외기권▲ 우주조약(Outer Space Treaty)에 따르면 우주 천체는 인류의 공동 재산으로, 특정 국가가 소유권을 주장할 수 없지. 다만 개인의 소유권에 관해서는 명시되지 않았어. 아마도 국가의 소유권을 포괄적으로 금지하면 다른 소유권도 금지된다고 판단했겠지. 그런데 데니스 호프는 개인 소유권을 명시적으로 금지하지 않았다는 점에 착안해 달 소유권을 주장하고 있어.

인간이 사고파는 대부분의 것들은 누가 생산했는지, 만들 때 얼마나 많은 노력이 들어갔는지 가늠할 수 있어. 그래서 소유 관계가 분명한 편이야. 그런데 토지는 그렇지 않아. 사람이 만들지 않았고 당연히 어떤 노력이 들어갔다고 보기도 어렵지. 토지의 소유권은 이전 소유주에게 넘겨받음으로써 성립해. 그래서 등기권리증이라는 집문서에는 이전 소유주와 맺은 계약서가 첨부되지. 문제는 애초에 주인이 없는 땅이야. 주인 없는 땅은 먼저 차지한 사람이 임자가 되지. 데니스 호

▲ 외기권(外氣圈)은 지구의 대기권 바깥을 가리키지. 쉽게 말해 우주 공간을 뜻해.

프가 달의 소유권을 주장하는 배경이야.

시장에서 상품의 가격이 결정되는 방식은 '수요와 공급의 법칙'을 따르지. 가격이 오르면 수요가 줄어들고, 반대로 가격이 내려가면 수요가 늘어나는 법칙 말이야. 경제 교과서에서 흔히 볼 수 있는 그래프지. S(공급) 곡선은 가격이 오를수록 공급량도 증가하는 우상향 곡선인 반면에 D(수요) 곡선은 가격이 오를수록 수요량이 감소하는 우하향 곡선이야. 균형 가격은 공급 곡선과 수요 곡선이 교차하는 지점에서 결정되지.

여기까지는 어렵지 않게 이해할 수 있지? 공급량이 수요량을 초과해서 초과 공급이 발생하면 어떻게 될까? 쉽게 말해 팔려는 사람은 많고 사려는 사람이 적으면 어떻게 될까? 가격이 내려가겠지. 가격이 내려가면 초과 공급은 해소되지. 반대 상황도 마찬가지야. 초과 수요가 발생해도 똑같이 가격에 의해 초과 수요가 해소되지. 이때는 가격이 올라서 초과 수요가 해소돼. 이렇게 초과 공급이나 초과 수요가 발생할 때 가격 조정으로 공급량과 수요량이 균형을 찾는 걸 '시장의 자기 조절 기능'이라 부르지.

수요, 공급 곡선에 따라 가격이 정해지는 것은 맞지만, 그 가격조차도 일정한 수준을 유지하지. 예를 들어 자동차 수요가 아무리 부진하더라도 3000만 원짜리 자동차가 300만 원이 되는 일은 거의 없잖아. 어떤 상품의 가격이 일정한 수준을 유지하게 만드는 토대는 무엇일까? 이전에 투입된 생산 원가겠지. 상품 생산에 투입된 원자재 및 노동의 비용 말이야. 상품의 가격은 생산 원가를 중심으로 수요와 공급에 의해서 결정된다고 이해하면 되지. 상추 한 포기와 자동차 한 대 가격이 다른 이유는 두 상품을 만드는 데 들어간 생산 원가가 다르기 때문이야.

부동산 역시 수요와 공급의 법칙에 따라 가격이 결정될까? 부동산도 다른 상품과 마찬가지로 시장에서 거래되지만, 부동산은 보통의 재화와 다른 특성을 가지고 있어. 우선 토지의 공급 곡선은 어떻게 될까? 앞에서 살펴본 것처럼 토지의 공

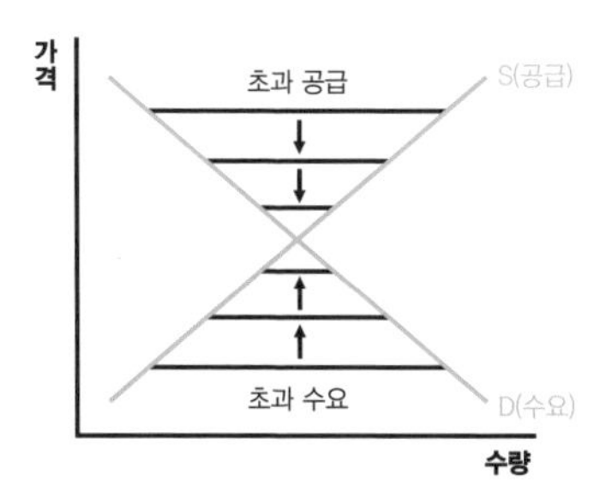

표 1-1 일반적인 상품은 수요와 공급의 법칙을 따라 가격 조정으로 공급량과 수요량이 균형점을 찾아간다.

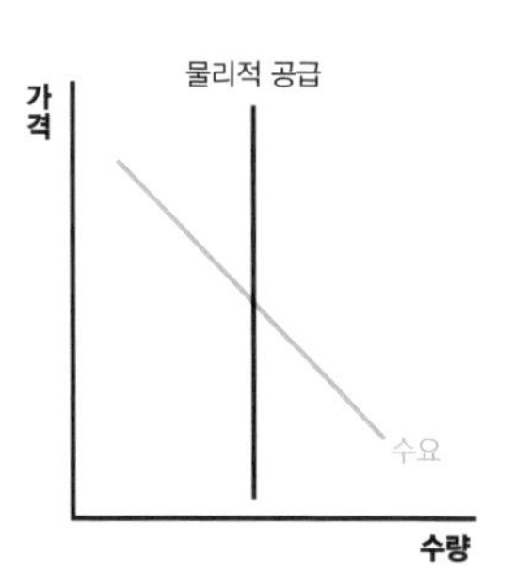

표 1-2 토지는 공급량이 일정하기 때문에 가격이 오를수록 수요가 늘어나는 비정상적인 형태를 띤다.

급량은 일정해. 따라서 완전히 비탄력적인 수직선의 모습을 띠게 되지. 토지가 특수한 만큼 시장에서 가격이 결정되는 방식도 보통의 상품과 많이 달라. 가격이 오르면 수요가 줄어들어야 하는데, 부동산은 정반대거든. 가격이 오를수록 수요가 늘어나지. 왜 부동산은 다를까?

사회학자 소스타인 베블런은 《영리 기업의 이론》에서 내구재와 자산을 구분했어. 내구재란 내구성, 즉 변질이나 변형 없이 긴 수명을 유지하는 재화야. 기계 설비, 공장 건물 등이 대표적이지. 내구재를 포함한 재화란 그것의 사용자에게 만족감을 주는 구체적 물건이야. 반면에 자산은 현금이나 주식, 채권 등과 같은 유형·무형의 유가치물(有價値物)이지. 자산은 당장 어떤 만족을 주는 대상은 아니야. 자산은 미래의 수익 흐름을 창출할 수 있는 소유권에 가깝지.

부동산은 내구재일까, 자산일까? 내구성이 있는 물리적인 형태, 사용의 편리함 등을 생각하면 내구재로 보이지. 그런데 부동산을 단순히 '살 곳'으로 생각하지 않고 재산 증식의 수단으로 접근하는 걸 보면 자산인 것도 분명해. 두 가지 성격을 모두 가지고 있다고 보는 게 정확할 거야. 수요 측면에서 보자면 실제 거주 목적의 수요와 가격 상승을 기대하는 수요(투자로 부르든 투기로 부르든)가 섞여 있어. 실제 거주 목적과 투자

목적을 칼로 무 베듯이 정확히 구분하기란 어려워.

여기서 부동산이 지닌 복잡성이 드러나지. 만약 부동산이 일반적인 재화와 같다면 '수요와 공급의 법칙'을 따르겠지만, 자산일 때는 현재의 수요 공급보다 훨씬 중요한 게 있거든. 그게 뭐냐고? 바로 미래 수익성에 대한 예측이야. 강남 재건축 대상 아파트에는 나중에 재건축됐을 때의 가치가 반영돼 있어. 현재의 시장 가격은 평수와 주거 환경에 비해서 훨씬 비싸지. 나중에 재건축되면 실현될 평수와 주거 환경이 현재 가격에 반영돼 있기 때문이야. 또, 시간이 흐를수록 가격이 오를 거라는 기대감도 반영돼 있지. 이것이 바로 미래 가치야.

토지는 일반적 상품과 가격 결정 원리가 달라. 일반적인 상품의 가격은 과거를 반영하지만, 토지 가격은 미래를 반영하지. 무슨 뜻이냐고? 자동차의 가격은 기존에 투입된 비용을 반영해. 부품 비용, 노동 비용 등이 더해져 자동차 가격을 결정하는 거야. 땅값은 미래에 발생할 지대가 더해진 값을 중심으로 결정된다고 보면 돼. 여기서 지대는 쉽게 말해 이익으로 생각해도 괜찮아. 게다가 땅은 공급이 고정되어 있으므로 수요와 공급이 아니라, 수요에 의해서만 가격이 결정되지. 이를 '토지 가격의 수요 결정성'이라고 해.

사람이 힘들여 만든 물건은 비싼 편이야. 그렇다면 힘들여 만들지 않은 금이나 다이아몬드는 왜 비쌀까? 힘들게 만든 건 아니지만, 깊은 땅속에서 원석을 캐려면 많은 노력과 시간이 들지. 보석 가격에는 그런 '노력의 값'이 담겨 있어.

토지는 어떻게 봐야 할까? 지금의 토지가 있기까지 소유자가, 아니 인류 전체가 기여한 게 있을까? 아무것도 없어. 그런데도 가격이 매겨지고, 땅값은 위치에 따라 천양지차로 달라지지. 생산성이 토지마다 다르기 때문이야. 같은 장사를 해도 목이 좋은 곳, 즉 사람들이 많이 오가는 곳에서는 돈을 잘 벌지만, 사람들의 왕래가 드문 곳에서는 돈을 못 벌지. 똑같은 노동을 투입하는데 생산성의 차이가 발생하는 거야. 땅값은 이런 차이를 반영하지. 땅에서 발생하는 가치, 즉 지대가 미래에도 계속 이어질 것으로 가정하고 미래의 지대를 현재 가치로 할인해서 합한 게 바로 땅값이야.

토지는 그 어떤 상품보다 투기 대상이 되기 쉬워. 가격이 오르더라도 공급을 늘리기 어렵기 때문이야. 거의 불가능에 가깝지. 일반적인 시장에선 수요가 늘어나 가격이 오르면 공급도 늘어나 수요와 공급이 균형점을 찾아. 하지만 공급이 제한적이고 투기적 수요가 기승을 부리는 부동산 시장은 정반대로 작동할 때가 많아. 투기는 가격 폭등을 부르고, 가격 폭등은 토지의 미래 가치를 더욱 끌어올려. 미래 가치 상승이 다시 투기를 부추기는 악순환이 반복되지.

2장
대한민국 부동산에만 있는 이것

"집은 살기 위한 기계다."
- 르 코르뷔지에 -

작가 미하엘 엔데의 소설 《모모》는 시간을 훔치는 도둑에 관한 이야기야. 소설에는 시간을 도둑맞은 사람들이 시간에 쫓겨서 급히 만든 획일적인 건축물들이 등장하지. 《모모》에 등장하는 도시를 가장 잘 구현하고 있는 곳이 어디일까? 대한민국 서울이야. 한국 사회에 '집 = 아파트'라는 인식은 널리 퍼져 있지. 성냥갑 같은 아파트▲는 우리에게 너무도 익숙한 주거 공간이야.

이 땅에서 아파트의 역사는 100년이 안 돼. 최초의 아파트는 광복 이전인 1930년에 지은 서울 서대문구 충정로의 도요타(豊田) 아파트야. 그런데 도요타 아파트는 아파트라기보다 소규모 공동 주택에 가깝지. 우리에게 친숙한 형태로 지어진 최초의 아파트는 1958년 중앙건설이 서울 성북구 종암동 산자락에 지은 종암아파트라고 할 수 있어. 최초의 단지식 아파트는 1962년에 지어진 마포아파트야.

▲ 영어권에서는 아파트라는 표현은 쓰지 않아. 아파트라는 약어 대신 어파트먼트(apartment)라고 부르지. 또한, 영어의 어파트먼트는 건물 전체를 뜻하지도 않아. 어파트먼트는 집합 건물 안에 개인이 거주하는 주택 한 곳을 가리키지.

통계청 자료에 따르면 1975년 전국의 아파트는 전체 주택 473만 4169호 가운데 8만 9248호에 불과했지. 비율로는 2퍼센트도 안 돼. 전체 주택에서 아파트가 차지하는 비율은 1980년대 중반만 해도 13.5퍼센트였지. 이후 1995년 37.7퍼센트, 2005년 52.7퍼센트, 2015년 59.9퍼센트로 증가했어. 2019년에 이르면 총 주택 수의 62.3퍼센트를 차지하면서 보편적 주거 양식으로 자리 잡지. 전체 가구의 절반인 1000만 가구가 아파트에 살고, 가구당 평균 가구원 수가 2.4명인 점을 감안하면 국민 절반이 아파트에 사는 셈이야.

유럽과 미국에서는 우리만큼 아파트가 대중적이지 않아. 유럽에서 아파트 단지는 저소득층 밀집 주거지에 가깝거든. 홍콩이나 싱가포르, 모나코 같은 일부 도시 국가를 제외하면 한국의 아파트 주거 비율은 세계 최고 수준이야. 아파트가 이렇게 많은 이유가 뭘까? 보통은 땅덩어리는 좁고 인구가 많기 때문이라고 생각하지. 이것은 사실일까?

십수 년 전, 한국의 아파트 문제를 다룬 《아파트 공화국》을 쓴 프랑스 지리학자 발레리 줄레조는 다르게 봤어. 땅이 좁고 인구가 많다고 꼭 아파트여야 하는 것도 아니고, 실제로 한국 아파트의 인구 밀도는 높지 않다는 거야. 한국만큼 땅이 좁고 인구 밀도가 높은 일본, 대만, 벨기에, 네덜란드 등은 산업

화·도시화가 우리와 다르게 대규모 아파트 개발로 이어지지 않았거든. 또, 발레리 줄레조의 분석에 따르면 한국 아파트의 인구 밀도는 단독 주택이나 다세대 주택보다 낮았고, 인구 밀

사진 2-1 시간을 빼앗긴 듯 급하게 층층이 올린 아파트가 대한민국 서울의 얼굴이다.
(출처: unsplash.com)

도가 낮은 지역에도 어김없이 아파트가 들어서 있었어.

수십 년 동안 아파트 건설은 마치 먹물이 번지듯이 서울에서 시작해 전국으로 퍼져 갔어. 아파트가 '사는(live) 곳'이기보다 '사는(buy) 것'이라는 생각은 이제 거의 상식이 됐어. 아파트가 투기·투자 상품이 되면서 아파트 거주자들의 삶의 태도도 달라졌지. 언제라도 이사 갈 수 있도록 마음 준비를 하고 집을 대하거든. 강준만 전북대 교수는 《부동산 약탈 국가》에서 아파트는 '살 집(house of living)'이 아니라 '팔 집(house of sale)'이라고 꼬집었어. 오래오래 살 집이 아니라 비싼 값에 팔 집이 중요하다는 거야.

우리는 왜 아파트를 선호할까? 잘 들여다보면 우리가 선호하는 것은 '아파트'라기보다 '아파트 단지'야. 단독 주택이나 다세대·연립주택 등 소규모 공동 주택▲보다 대단지 아파트가 제공하는 주거의 질이 훨씬 높기 때문이지. 편리하고 안전하며, 보수 유지가 거의 필요 없고 사고팔기에 용이하거든. 젊은 부부들은 단지 안에 초등학교를 품은 아파트(초품아)를 찾고, 직장인들은 지하철 등 교통이 편리한 아파트(역세권)를 선호하지. 살기 편해서 아파트를 선호하는 건 맞지만, 그게 다는 아니야.

▲ 소규모 공동 주택인 다세대 주택과 연립 주택은 아파트와 다르지. 아파트는 5층 이상의 공동 주택을 뜻해. 반면에 다세대 주택과 연립 주택은 모두 4층 이하의 건물이야. 차이점은 연면적(지하 주차장 면적을 제외하고 건물 각 층의 바닥 면적을 합한 전체 면적)이 660㎡ 이하일 땐 다세대 주택이고 660㎡ 초과일 땐 연립 주택이라고 하지. 참고로, 3개 층 이하이면서 연면적이 660㎡ 이하인 경우에는 다가구 주택이라고 불러.

한국의 특수한 사회 경제적 맥락 속에서 아파트는 중산층이 거주하는 고급 주택의 이미지를 획득했지. 발레리 줄레조는 "한국 아파트 단지의 엄청난 성공 이면에는 아파트에 '사로잡힌' 고객층, 즉 중산층의 욕구가 있다."라고 분석했어. 입식 부엌, 상하수도 시설, 위생적인 화장실 등이 완비된 아파트는 구옥과 다른 주거지였지. 그러한 편의성에 더해서 재개발 등에 따른 가격 폭등으로 아파트의 가치는 더욱 올라갔어. 주거 편리성에 안전성, 높은 수익성, 손쉬운 환금성, 교통 편의성(주차 시설 구비, 대로변이나 지하철역 주변 등 입지 조건) 등이 더해져 아파트는 선망의 대상이 됐어.

1960년대부터 수도권 인구 집중이 본격화하기 시작했지. 박정희 정권은 여기에 대처하기 위해 아파트 건설 정책을 폈어. 정부 입장에서 대규모 아파트 공급은 급격한 도시화와 인구 집중에 따른 주택 부족을 손쉽게 해결하는 정책 수단이었거든. 앞서 소개한 최초의 단지식 아파트인 마포아파트 준공식에는 박정희가 직접 참석하기도 했지. 그 자리에서 박정희는 마포아파트를 조국 근대화의 상징이자 생활 혁명의 시금

석이라고 치켜세웠어.

산업화가 본격적으로 시작될 무렵, 주택 보급 정책은 순조롭지 않았어. 정부 주도 아래 수출 중심의 경제 성장에 주력한 탓에 사회 기반 시설에 투자할 여력이 없었거든. 도로, 전기, 통신, 가스, 상·하수도 등 도시 기반 시설이 미비한 상태에서 양질의 주택을 대량으로 공급하는 일은 쉽지 않았지. 이러한 상황에서 중산층을 대상으로 아파트를 단지화하는 개발은 효과적인 방법이었어. 도시 기반 시설에 대한 공공 투자를 최소화하면서 짧은 기간에 대규모 주택을 공급할 수 있었거든(〈아파트 공화국에 더해져야 할 장소적 시·공간〉을 참고).

정부는 직접 도시 기반 시설을 건설하지 않고 주택 공급자(건설사든 주택공사든)에게 부담시켰어. 토지를 구획하고 이를 시행사에 분양하여 시행사가 조경, 상가, 놀이터, 주차장 등의 법적 편의 시설을 갖추게 했지. 시행사는 분양가에 도로, 전기, 통신, 가스, 상·하수도 등 간선 시설 비용을 포함시켰고, 아파트를 분양받은 이들이 그 비용을 충당했어. 주택 공급자가 간설 시설을 먼저 시공한 후에 기부 채납(기반 시설을 설치해 국가에 무상으로 넘겨주는 일)하는 방식이었지. 덕분에 정부는 재정 부담 없이 주택을 공급할 수 있었어.

권위주의 정부는 정치적 지지를 얻으려는 목적으로 청약

아파트
불패
신화

제도를 통해 중산층에게 아파트를 대량 공급했지. 아파트를 분양받은 중산층은 가만히 앉아서 자산 소득 증가를 맛봤어. 사람들은 부동산에 더욱 열광하게 됐지. 아파트에 투자하면 절대 망하지 않는다는, 이른바 '아파트 불패 신화'가 아파트에 대한 선망을 더욱 키웠어. 이후에는 브랜드 아파트가 등장해 시장을 지배했고, 아파트가 '명품'의 반열에 올랐지. 가파른 땅값 상승의 중심에 늘 아파트가 있었어.

아파트가 대세가 된 가장 중요한 이유는 손쉬운 재산 증식 수단이자 계층 확인 수단이기 때문이야. 소득이 높을수록 아파트 거주 비율도 높지. 〈2019년도 주거 실태 조사〉에 따르면, 고소득층의 76.6퍼센트, 중소득층의 56.2퍼센트가 아파트에 살고 있어. 뒤에서 자세히 살펴보겠지만, 2019년 기준으로 가계 순자산에서 부동산 비중은 76퍼센트나 되지. 부채를 뺀 순금융자산 비중은 23퍼센트에 불과해. 자산이 부동산에 과도하게 쏠려 있는 거야. 선진국들은 우리와 정반대지.

표 2-1 소득층에 따른 주거 형태 비율

	고소득층	중소득층	저소득층
아파트	76.6	56.2	29.1
단독 주택	13.1	25.0	50.4

출처: 〈2019년도 주거 실태 조사〉, 국토교통부(단위 %)

국가별 토지 가격의 총액을 비교해 보면 놀라운 사실을 발견하게 되지. 한국의 땅을 다 팔면 독일과 호주를 충분히 살 수 있어. 한국의 GDP(국내총생산)는 독일의 40퍼센트 정도지만, 토지 가격 총액은 독일의 130퍼센트 수준이야. 심지어 한국보다 98배나 넓은 캐나다 전체를 한 번도 아니고 두 번이나 살 수 있어. 땅값만 놓고 봤을 때 그렇다는 거야. 지하자원, 관광자원 등 토지에 딸린 다른 가치를 제외하고 금전적인 가치만 따지면 말이지.

캐나다와 독일 등은 선진국인데 어떻게 우리나라 땅을 팔고 그 나라 땅을 다 살 수 있냐고? 그건 우리나라의 자산이 거의 대부분 부동산에 묶여 있기 때문이야. 다른 나라들과 비교해서 한국은 GDP

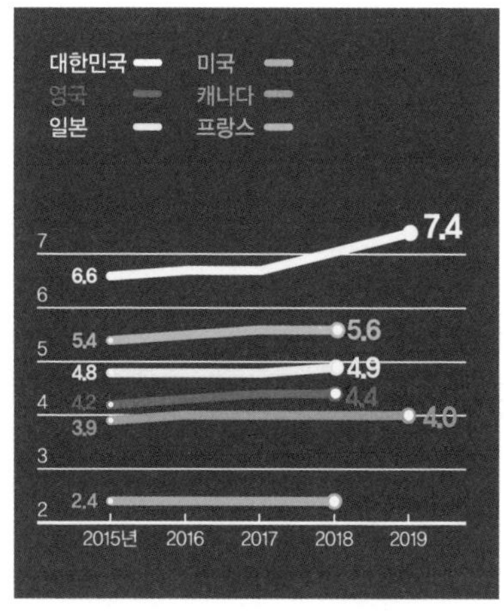

표 2-2 국가별 GDP 대비 부동산 자산 배율

대비 부동산 자산 비율이 압도적으로 높아. 2018년 기준으로 한국보다 경제 규모가 큰 미국은 2.4배, 일본은 4.9배에 그치지만 한국은 7.4배나 되거든. 한국의 부동산 자산 쏠림이 심각하다는 걸 알 수 있지.

그래프에서 한국의 7.4, 미국의 2.4 등 숫자만 보면 큰 차이가 없는 것 같지만, 잘 봐야 하는 게 숫자 뒤에 붙은 말이 '비율(퍼센트)'이 아니라 '배율'이라는 점이야. 7.4는 7.4퍼센트가 아니라 7.4배야. GDP의 7.4배! GDP는 한 나라 안에서 가계, 기업, 정부 등 모든 경제 주체가 일정 기간 생산한 재화 및 서비스의 부가가치를 시장가격으로 평가하여 합산한 총합이야. 쉽게 말해, 일정 기간에 판매된 모든 상품 및 서비스의 가격이야. 2019년 대한민국의 GDP는 1919조 원이었어. 부동산 자산이 그것보다 7.4배가 더 많았다는 뜻이야.

2019년 기준으로, 토지 자산은 전체 국부 가운데 52.7퍼센트로 절반 이상을 차지했어. 건설 자산까지 포함한 부동산 자산은 우리나라 전체 자산의 84.9퍼센트를 차지했지. 전체 액수는 자그마치 1경 4120조 원이었어. 국부의 대부분이 토지 자산과 건물 자산인 셈이야. 공장의 기계 등을 포함한 설비 자산은 전체의 5.5퍼센트에 불과했어. 금융 자산은 더 적었지. 국부에서 토지가 차지하는 비중이 큰 만큼 토지 가격이

표 2-3 대한민국 총 자산의 유형별 분류

유형	내용		가액(조 원)
비금융 자산	생산 자산	**건설 자산**	**5353.1**
		설비 자산	921.7
		지식재산생산물	522.9
		재고 자산	423.8
	비생산 자산	**토지 자산**	**8767.0**
		지하자원	27.1
		입목 자산	25.9
금융 자산	순금융 자산		580.0
총 자산(국부)			16621.5

출처: 〈2019년 국민대차대조표〉, 통계청

상대적으로 높을 수밖에 없겠지. 토지 가격은 가파르게 상승해 왔어.

경제정의실천시민연합(이하 '경실련')이 2017년 발표한 자료에 따르면 50년간 한국의 땅값은 4000배 가까이 올랐지. 1964년 1조 7000억 원에서 2015년 6700조 원으로 4000배 상승했어. 생필품 가격 변화와 비교하면 차이가 더욱 두드러지지. 같은 기간에 쌀값은 50배, 연탄값은 55배, 휘발유값은 77배 뛰었어. 1964년에 100만 원을 주고 산 땅이 2015년에 40억 원으로 치솟은 거야. 평균이 그래. 서울만 놓고 보면 1만

배 넘게 올랐어. 서울 면적은 국토의 1퍼센트에 불과하지만, 서울 땅값은 전체 토지 가격의 30퍼센트를 차지하지.

범위를 좁혀 1988년 이후 노동자 평균 임금과 아파트값 상승치를 비교해 볼까. 경실련이 발표한 〈서울 아파트값 30년간 변화 실태 분석〉에 따르면, 1988년 노동자 평균 임금은 월 36만 원(연 430만 원)이었고 2017년 월 241만 원(연 2895만 원)으로 30년 사이 6.7배 올랐어. 반면 같은 기간에 25평 기준 강남권 아파트값은 7122만 원에서 11억 3389만 원으로, 비강남권 아파트값은 7886만 원에서 5억 4079만 원으로 올랐지. 각각 15.9배, 6.8배 오른 셈이야. 강남권의 경우에 임금 상승치보다 훨씬 가파른 상승폭이지.

대한민국 최초의 신도시가 어디일까? 바로 서울 강남이야. 강남 지역은 1962년에야 서울에 편입됐지. 1970년대 초까지도 강남은 허허벌판에 불과했어. 강남은 개발 초기에 이름도 없는 지역이었지. 영등포의 동쪽이라는 의미로 '영동'이라고

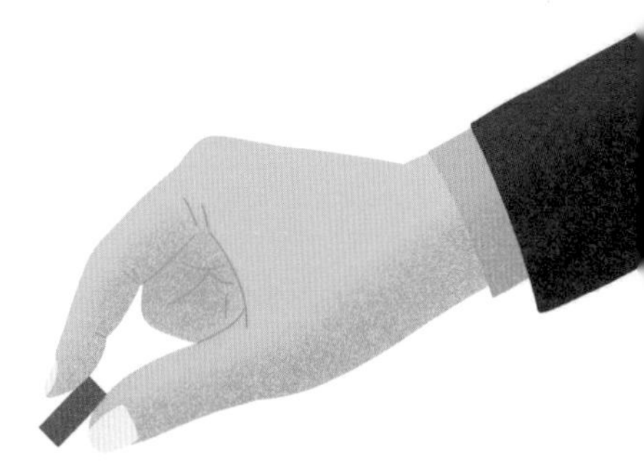
땅

불렸어.

1960년대만 해도 한강 이남의 구(區)는 영등포구가 유일했지. 영등포구에는 일제강점기 때 조성된 공단이 있었고, 무엇보다 경부선 철도가 지나가는 영등포역이 있었어. 지금의 서초구 잠원·반포·서초·방배·양재·우면동은 영등포구 신동출장소, 강남구 신사·압구정·논현·삼성·청담·역삼·도곡·대치동은 성동구 언주출장소에 포함됐지. 주민이 많지 않아서 정식 행정기관을 둘 수 없었거든.

박정희 정권에서 경부고속도로가 뚫리며 제3한강교(지금의 한남대교)가 건설되고, 잇따라 영동지구 구획 정리 사업이 시작됐지.▲ 구획 정리는 허허벌판에서 이뤄졌어. 그 덕분에 강남은 계획적인 도시 설계와 개발이 가능했지. 1970년대의 각종 정부 정책, 1980년대의 서울올림픽 개최와 3저(저달러, 저금리, 저유가) 호황 등은 강남 개발과 투기를 부채질했고.

강남은 경제·교육·교통·문화 인프라의 집적도 측면에서 강북과는 비교할 수 없는 우위에 있어. 여기에는 정부의 정책적 지원이 결정적이었지. 단적인 예를 들자면 강북, 특히 종

▲ 박정희 정권이 강남 개발에 집중한 데는 다른 속셈이 있었어. 강남 개발이 본격화하기 전에 강남 일대의 땅을 헐값에 대거 사들였지. 이후 비싼 값에 팔아 막대한 시세 차익을 거둬 1971년 4월 27일 대통령 선거와 5월 25일 국회의원 선거 등에 선거 자금으로 활용했어.

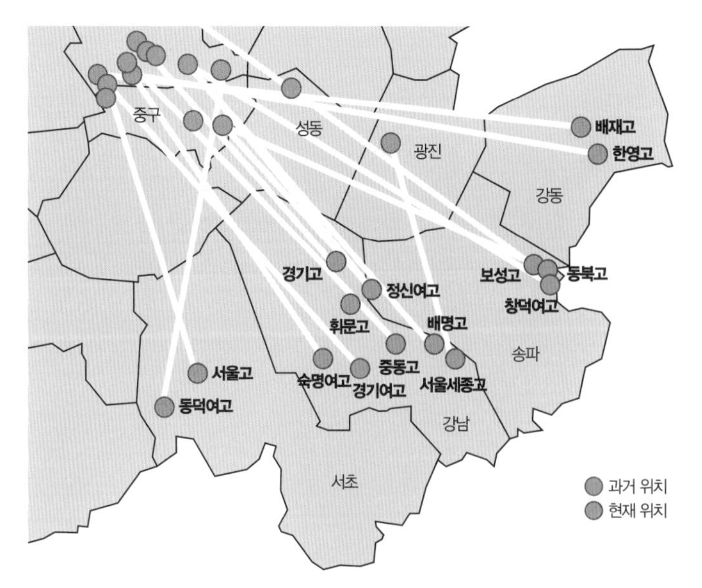

1970~1980년대 강남 개발 촉진을 위한 도심 명문 고등학교의 이전.
출처: 〈강남 40년: 영동에서 강남으로〉(서울역사박물관, 2011)

로구와 중구에 있던 명문 고등학교를 강남으로 대거 옮겼어. 1970~1980년대 경기고, 서울고, 양정고(1980년대 양천구로 이전), 배재고, 휘문고, 보성고, 중동고, 경기여고, 창덕여고, 숙명여고, 진명여고(1980년대 양천구로 이전), 정신여고, 동덕여고 등이 강남으로 자리를 옮겼지. 명문 학교들이 강남으로 이전하면서 속칭 '강남 8학군'이 형태를 갖췄어.

강남에는 입시학원의 대명사인 대치동으로 표상되는 학원

인프라가 존재하지. 이 역시 정부 주도로 만들어졌어. 강북에서 강남으로 학교를 옮길 때 학원들도 함께 이전시켰지. 학교만 옮기면 학생들이 움직이지 않을 수 있다고 판단했거든. 그래서 종로 일대에 몰려 있던 인문계 사설학원 36곳에 이전을 권장했어. 이전을 거부하면 건축법을 적용해 고발하는 등 강력한 행정 조치를 취하겠다고 엄포를 놓는 한편 이전하는 학원에는 각종 경제적·행정적 특혜를 약속했지.

교통도 빼놓을 수 없지. 1969년 제3한강교(한남대교)가 개통했어. 이름에서 알 수 있듯이 제3한강교는 한강에 놓인 세 번째 다리야. 제3한강교가 놓이면서 서울 도심과 강남이 이어지게 됐지. 또, 1970년 경부고속도로가 건설됐고, 고속버스터미널이 건설됐어. 지하철 노선은 강남 전체를 훑고 지나가지. 강남을 통과하는 지하철은 수도권 9개 노선 중 7개에 달하고, 광역철도인 분당선과 신분당선은 물론이고 수서역에서 출발하는 고속철도까지 강남을 경유해. 강남 전역에 거미줄처럼 뻗은 교통망은 빈틈없을 정도로 촘촘하지.

정부 정책에 따라 강남이 개발되고 사람들이 밀려들면서 강남 땅값이 천정부지로 올랐어. '천정부지'라는 표현이 부족할 정도로 수직 상승했지. 1963년 1평에 400원이던 강남구 신사동의 땅값은 한남대교가 완공된 1969년에 1만 원을 돌파했고 10년 뒤인 1979년에는 40만 원에 달했어. 현재 신사동의 평당 땅값은 수천만 원에 달하지. 땅값이 10만 배 이상 뛴 거야. 신사역 주변 시세는 2억 원을 호가하니까 50년 만에 50만 배 가까이 뛴 셈이지. 강남구 테헤란로 주변 땅들은 평당 6억 원이 넘어.

부동산 가격이 폭등하자 강남으로 돈이 몰렸지. 이른바 '복부인'도 강남 개발이 본격화하면서 등장했어. 아파트가 사회적 지위를 드러내는 수단으로 주목받기 시작한 것도 강남에서 비롯했지. 영향력 있는 인물들을 수록한 인명사전이 있어. 가령 법조인들을 망라한 《법조 인명사전》 같은 게 있지. 이러한 인명사전의 주소지가 강북에서 강남으로 바뀐 것도 1980년대 초반부터 뚜렷해지기 시작했어. 즉, 영향력 있는 인물들이 강북에서 강남으로 주거지를 옮겼다는 뜻이야.

정부 주도로 이루어진 교육·교통 등 인프라 투자, 경제 발전의 중심축인 경부선의 시작점이라는 지리적 혜택, 계획도시라는 강점 등이 어우러져 강남에는 기업이 몰리고 일자리가 많이 생겼지. 자연히 사람도 넘쳐 났어. 1970~1999년까지 30여 년 동안 강북 인구가 430만 명에서 520만 명으로 1.2배 정도 증가한 반면에 강남 인구는 120만 명에서 510만 명으로 4.2배나 증가했지. 교육·교통·일자리 등에서 압도적으로 앞선 강남 집값이 다른 지역보다 비싼 건 당연한 일이야.

강남 개발과 함께 '강북 죽이기'가 노골적으로 자행됐어. '강북 개발 억제책'으로 강북의 택지 조성을 막았고, 신규 건설 사업을 제한했지. 강남이 개발되면서 주요 기관인 국회와 법원, 검찰청 등이 모두 한강 이남으로 옮겨졌어. 교육, 교통, 행정기관 등 거의 모든 것이 강남에 집중됐고. 강북 입장에서는 중요 자원을 빼앗겨 발전 가능성과 기회를 놓친 셈이야.

강남은 남다른 특혜를 받았어. 1973년 강남의 영동지구를 개발 촉진 지구로 지정하면서 취득세, 등록세, 재산세, 도시계획세, 부동산 투기 억제세, 부동산 매매에 관한 영업세 등 각종 세금을 면제해 줬지. 강북의 명문 학교들을 옮겨 교육 인프라를 구축한 것만 해도 큰 특혜가 분명하지. 거기다 정부는 지난 수십 년간 엄청난 돈을 쏟아부어 강남에 교통 인프라를 집중시켰고.

강남에 돈과 기회를 몰아주는 사이에 다른 지역은 소외되고 말았어. 서울 전역에 명문고들을 고르게 배치했더라도 강남과 강북의 집값 격차가 지금처럼 크지 않았을 거야. 강남은 수십 년 동안 큰돈을 투자받고 커다란 기회를 누렸지. 대한민국 어느 지역도 누리지 못한 특혜였어. 그렇다면 타지역에서 강남에 보상을 요구할 수 있는 거 아닐까?

강남
교육
교통
일자리
세금면제
행정기관 이전

3장
부동산이
대체 왜
문제일까?

"토지 독점이 세상에 존재하는
유일한 독점은 아니지만
독점 중에서 단연코 가장 중요한
독점이라는 것은 명백한 사실이다.
토지 독점은 영원한 독점이고
모든 독점의 어머니이다."
-윈스턴 처칠-

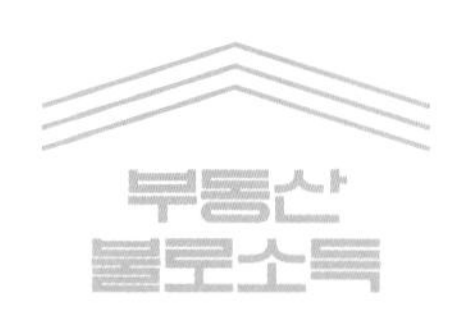

2012년 교육부가 발표한 〈학교 진로 교육 지표 조사〉에 따르면 '성인이 된 후 가장 원하는 것이 무엇이냐?'는 질문에 고등학생의 52.7퍼센트가 '돈'이라고 응답했어. 2위 명예(16.5퍼센트)보다 36.2퍼센트 포인트나 높은 비율이었지. 아이는 어른의 거울이라 했던가? 청소년의 생각은 어른과 사회가 주입한 결과일 테지.

시대마다 초등학생의 꿈이 달라지지. 꿈이 그 시대의 분위기를 닮아 가기 때문이야. 학생들이 많이 꾸는 꿈은 그 시대의 욕망을 반영하지. 한국과학기술진흥재단이 1981년에 조사한 바에 따르면 과학자가 1위였고, 대한교육보험에서 1990년에 조사했을 때도 과학자가 1위였어. 1980~1990년대는 과학자가 단연 으뜸이었지. 2000년대로 넘어오면 과학자가 뒤로 밀리고 교사, 의사, 연예인 등이 전면에 등장했어. 최근에는 여기에 유튜버, 건물주 등이 합류했지.

취업포털 잡코리아와 알바몬이 2019년 성인 4091명을 대상으로 실시한 설문 조사는 시사하는 바가 크지. 건물주가 꿈의 직업 2위로 조사됐거든. 전체 응답자 중 27.3퍼센트가 건물주를 선택했지. 1위인 '창업 성공자'(32.8퍼센트)와는 불과 5.5퍼센트 포인트밖에 차이가 나지 않았어. 그래서 나온 말이 '갓물주', '조물주 위의 건물주' 등이겠지. 갓물주는 '갓(God)'과 '건물주'의 합성어로, 건물주가 신처럼 모든 걸 결정하고 모두의 추앙을 받는다는 뜻이야.

'건물주 = 성공한 사람'이라는 등식이 전혀 낯설지 않은 시대가 됐지. 건물주는 부동산을 통한 자산 증식의 상징으로 자리 잡았어. 방송은 인기 연예인들이 어디에 얼마짜리 건물을 샀고, 얼마에 팔아 얼마를 남겼는지 꼬치꼬치 보도하지. 이를 보고 자란 청소년들은 아무렇지 않게 건물주를 장래희망으로 이야기해. 건물주가 선망의 대상인 사회는 부동산 투기가 능력으로 인정받는 사회일 테지. 하지만 땅이 땀보다 우대받는 사회는 희망이 없어.

토지 가치는 토지 소유자의 노력으로 결정되지 않아. 사회경제적 변화, 도로·지하철, 학교·공원·관공서 등의 사회 기반 시설, 자연경관 등 자연적 조건 등이 토지 가치를 결정하지. 토지에서 발생하는 이익을 불로소득으로 보는 이유야. 노력 등 대가 없이 얻는 소득을 불로소득(不勞所得, unearned income)이라 부르는데, 토지에서 발생하는 소득은 전형적인 불로소득이야. 토지 불로소득에는 토지(에 딸린 주택이나 상가)

를 빌려주고 얻는 임대 소득(지대)과 지가(地價) 상승을 통하여 얻는 지가 차액(매매 차액 또는 시세 차익)이 있어.

지하철역이 새로 들어서면 역세권이라고 해서 부동산 가격과 임대료가 폭등해. 지하철은 시민들이 납부하는 지방세를 가지고 건설되지. 시민의 돈으로 만들어서 시민이 이용하는 지하철은 공유 자원으로 볼 수 있어. 그런데 지하철역 신설로 부동산 가격이 오르면 부동산 소유자들만 그 혜택을 누리지. 그들은 자신들의 노고와 무관하게 횡재를 얻는 셈이야. 공적 투자 덕분에 상승한 부동산 가치에 대해서 시민 모두가 동일한 권리를 누려야 공정하고 정의로운 게 아닐까?

《부동산 공화국 경제사》에 따르면, 2007~2016년까지 10년 동안 해마다 440~520조 원의 부동산 불로소득이 발생했어. 이는 GDP 대비 평균 37.1퍼센트에 달하는 엄청난 액수야. 부동산 구입에 따른 이자 비용을 빼더라도 374조 6000억 원의 부동산 불로소득이 발생했다고 해. GDP 대비 평균 22.9퍼센트에 달하지. 전체에게 고루 돌아간다면 불로소득 액수가 크다고 문제 될 건 없겠지. 문제는 소수의 가진 자들이 부동산 불로소득을 독식한다는 점이야.

한국 사회는 극단적인 부동산 양극화 사회라고 할 수 있어. 개인의 경우에 상위 1퍼센트가 개인 소유지의 31.9퍼센트를 소유하고, 기업의 경우에도 상위 1퍼센트가 법인 소유지의 75.4퍼센트를 소유하고 있거든. 이러한 현실은 불로소득이 누구에게 흘러가고 어디로 흘러가는지를 잘 보여 주지. 또, 2007~2017년 동안 다주택자 상위 1퍼센트가 보유한 주택 수는 3.2채에서 6.7채로 2배 이상 증가했어. 그 시기에 다주택자들의 '주택 사재기'가 기승을 부렸다는 의미야. 부동산 자산의 양극화로 인해 빈부 격차가 갈수록 커지고 있어.

그 결과가 뭘까? 연소득 대비 주택 가격 비율을 나타내는 PIR(Price to Income Ratio)이라는 게 있어. 주택 가격(Price)을 연소득(Income)으로 나눈 비율인데, 몇 년치 소득을 모아야 집을 살 수 있는지를 보여 주는 지표야. PIR이 5배면, 소득을 한 푼도 쓰지 않고 5년을 모아야 집을 살 수 있다는 뜻이야. PIR이 3~5배면 적정하다고 보지. 유엔 해비타트(UN HABITAT)는 적정 PIR을 3.0~5.0배 정도로 권고하고 있어.

그런데 서울에서 집을 사려면 서울 시민이 평균 소득을 12년 동안 꼬박 모아야 하고, 강남 3구의 주택을 사려면 20년을 꼬박 모아야 해. 다시 말해, 평균적인 수입을 버는 직장인이 자신의 소득을 한 푼도 쓰지 않고 12~20년을 꼬박 모아야 집을 살 수 있다는 뜻이야. 12~20년 동안 물 한 병도 사 마시지 말고 저축만 해야 해. 12~20년이라는 서울의 수치는

HABITAT가 권고한 적정 수준을 한참 넘어서지. 임금 수준과 비교해서 서울과 강남의 주택 가격이 터무니없이 비싼 거야. 주택 사재기가 주택 가격을 끌어올린 탓이지.

토지 문제를 파고든 미국의 정치경제학자 헨리 조지는 《진보와 빈곤》에서 토지 소유주가 토지의 사용 대가인 지대를 독점하는 사회의 문제점을 꼬집었지. 헨리 조지는 그런 사회에선 지대가 증가함에 따라 임금과 이자가 하락하고 경제 불황과 공황이 발생해 빈곤이 더욱 악화한다고 주장했어. 아래는 헨리 조지가 제시한 분배 공식이야. 부동산을 둘러싼 거의 모든 문제들이 이 공식으로 설명되지.

총 생산물 = 지대(토지) + 임금(노동) + 이자(자본)

총 생산물 − 지대(토지) = 임금(노동) + 이자(자본)

토지, 노동, 자본을 생산의 3요소라고 해. 생산에 필요한 요소라는 뜻이야. 토지, 노동, 자본이 결합해 생산에 기여했

으므로 그에 대한 대가로 각각 지대, 임금, 이자를 받지. 총 생산물에서 지대를 뺀 나머지가 노동에 대한 임금과 자본에 대한 이자로 분배돼. 공식에서 볼 수 있듯이 땅값이 폭등해 지대가 커지면 그만큼 임금과 이자는 줄어들지. 이게 무슨 뜻일까? 상가를 임대해서 사업하는 자영업자의 어려움, 집 없는 이들이 치러야 하는 살인적인 주거비, 열심히 일만 해서는 집 장만이 불가능한 현실, 부동산 자산의 양극화로 인한 빈부 격차의 심화 등이 모두 이 공식 하나로 설명되지.

부동산 불로소득은 많은 문제를 낳고 있어. 불로소득이 문제인 이유는 노력 없이 얻은 소득이기도 하지만 궁극적으로는 남이 노력한 몫을 빼앗는 소득이기 때문이야. 우리가 김밥을 사 먹고 머리를 자르고 하는 비용은 김밥집 사장님, 미용실 사장님의 호주머니를 거쳐 결국 건물주의 호주머니로 들어가지. 임대료는 계속 오르고, 자영업자는 이윤의 상당 부분을 건물주에게 임대료로 바치거든. 우리가 이용하는 각종 서비스 요금이 비싼 건 높은 물가 때문인데, 여기에는 지나치게 높은 임대료도 한몫하지.

수많은 사람들이 근면하게 일해 얻은 노력 소득을 다주택 소유자에게 임대료로 갖다 바치고, 다주택 소유자는 별다른 노력 없이 임대료와 부동산 가격 상승에 따른 시세 차익을 얻지. 열심히 땀 흘려서 받는 돈은 보잘것없지만 부동산 폭등으로 버는 돈은 어마어마하면, 노동 의욕이 떨어질 수밖에 없겠지. 한쪽에서는 가만히 앉아서 떼돈을 버는데 누가 땀 흘려 일하고 싶겠어? 1퍼센트의 부자와 재벌 기업이 민간 소유 토지의 절반을 쥐고 수많은 사람의 노동을 상납받는 상황이야.

불로소득을 이대로 방치하면 사회가 두 동강 날 수 있어. 월급을 한 푼도 안 쓰고 모아도 집을 살 수 없는 사람들 입장에서 자고 일어나면 값이 뛰는 부동산을 보면서 어떻겠어? 그들이 느끼는 위화감과 박탈감은 엄청 크지. 폭발 직전의 불만이 가득해. 또, 불로소득은 부의 대물림으로 이어져 계층 이동을 가로막고 있어. 부동산 상속 없이 열심히 일만 해선 계층 이동이 어렵지. 부동산 투기에 매몰된 사회의 미래가 암울한 까닭이야.

또 다른 문제는 땅값 상승으로 생산 비용이 늘어나면 산업 경쟁력이 떨어진다는 점이야. 부동산 가격이 폭등하면 생산 활동을 방해하는 측면이 있어. 부동산 거래는 사고파는 사람들끼리의 교환일 뿐이야. 고용이 창출되지도 국부가 늘어나지도 않지. 이런 활동에 국민 전체가 뛰어들면 어떻게 될까? 부동산 가치만 끌어올려서 생산 활동을 어

렵게 하겠지. 공장이나 창고 부지처럼 생산 활동엔 토지가 필요해. 그런데 부동산 투기가 기승을 부리면 토지 이용 비용이 늘어나 기업 부담이 커지지. 결국 부동산 가격 폭등은 생산 활동을 방해해.

부동산 가치의 상승, 즉 가격 상승은 사회적 가치 창출과 무관하지. 신도시 개발 등으로 돈방석에 앉은 이들은 기업과 달리 사회적 가치를 창출할 수 없어. 국민 경제 전체로 보면 한 사람이 팔고 다른 사람이 사서 소유권만 이전된 것에 불과하니까. 부동산 가격이 아무리 상승해도 국민 소득에 반영되지 않는 것도 그 때문이야. 땅값이 천정부지로 오르고 부동산 거래량이 폭증해도 한 나라의 경제력을 가늠하는 잣대인 GDP(국내총생산)는 털끝만큼도 늘어나지 않아.

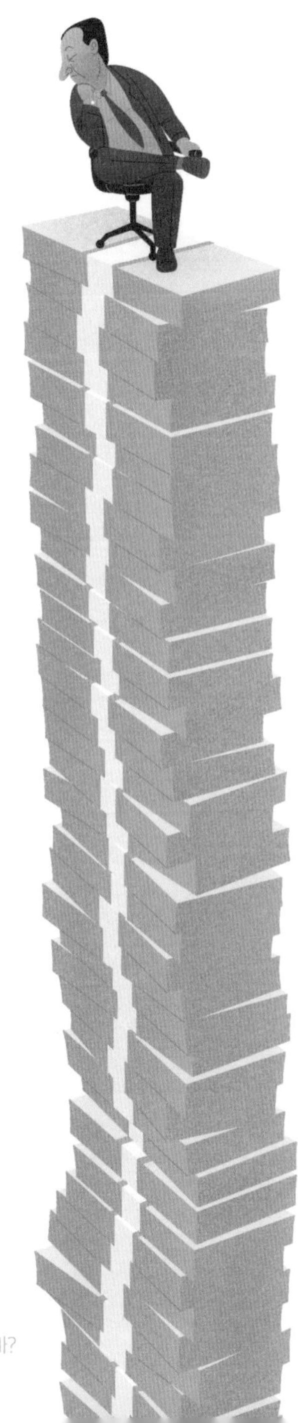

주식 투자의 경우에도 GDP에 반영되지 않지만, 자본 투자와 부동산 투자는 성격이 전혀 다르지. 자기 돈을 투자하는 사람 입장에서 부동산에 투자하든, 주식이나 채권에 투자하든, 원유나 금에 투자하든, 차이가 전혀 없을 거야. 그러나 사회 전체적으로 보면 이야기가 달라지지. 가령 주식에 투자된 돈은 산업 생산에 일부분 기여하지만, 부동산에 투입된 자금은 생산 활동에 별다른 기여를 하지 못하거든. 부동산 투자는 생산적 효과가 거의 없다고 보면 돼.

수많은 기업들이 생산 활동보다 부동산 투기에 열을 올리는 것도 불로소득 때문이야. 부동산 가격 급등은 시설 투자든 기술 개발이든 건전한 생산 활동이 아닌 부동산으로 유휴자본(생산에 투입되지 않고 대기 중인 자본)을 몰아넣지. 또한, 부동산 가격이 폭등하면 과도한 토지 비용 탓에 제조업이 해외로 빠져나가게 돼. 이처럼 부동산에 돈이 몰리면 산업 경쟁력과 국가 경쟁력은 떨어지기 마련이야. 산업 경쟁력과 국가 경쟁력이 떨어진다는 건 미래의 성장 가능성을 잃는다는 뜻이지.

매년 발생하는 부동산 불로소득(500조 원)은 전 국민이 일해서 버는 노동 소득(1100조 원)의 절반 가까이 되지. 절반이라고 해서 결코 적은 게 아니야. 불로소득은 소수의 몫이고 노동 소득은 다수의 몫이라는 점을 생각할 필요가 있어. 지금은 땀이 돈을 버는 속도보다 땅이 돈을 버는 속도가 더 빠르지. 무소유의 삶을 평생 실천한 마하트마 간디는 사회를 병들게 하는 일곱 가지 악 중에서 '노동하지 않고 얻는 부'를 최악으로 꼽았어. 땅이 아닌 땀이 대접받아야 한다는 거야.

2017년 출시된 모바일 게임 '프렌즈 마블'은 1990~2000년대에 선풍적 인기를 끌었던 '부루마불'을 떠올리게 해. 부루마불은 땅과 건물을 사고팔며 돈을 더 많이 버는 쪽이 이기는 게임이지. 해 본 친구들도 있을 거야. 최근엔 코로나19로 '집콕'이 늘면서 판매량이 9배나 폭증했다고 하니 말이야. 뉴욕, 런던, 로마, 파리, 도쿄 등 검은색 도시들의 땅을 구입해 호텔을 올릴 때는 승리의 예감에 흥분되지. 홍콩이나 카이로, 싱가포르, 타이베이, 이스탄불 등 분홍색 도시들은 투자 가치가 없다며 건너뛰곤 해.

게임의 결말은 늘 똑같아. 엄청난 돈을 벌어들인 한 명의 승자와 알거지가 된 패자들. 승자의 영광을 위해 모두가 죽어야 하는 세상이지. 되도록 많은 땅을 차지하고, 임대료를 비싸게 받아서 남들을 파산시켜야 해. 판세가 한번 기울면 역전은 쉽지 않아. 부루마불은 현실의 판박이 아닐까? 부동산 자산을 독점한 사람들은 승승장구하고, 그렇지 못한 이들은 평생 일해도 가난을 벗어나기 어려운 현실 말이야. 불평등한 현실에서 우연은 결정적인 역할을 해. 부루마불에선 주사위 던지기라는 우연이, 현실에선 상속과 같은 우연이 더 많은 기회와 부를 보장하지.

주택 보급률(전체 가구 수에 대한 주택 수의 비율)이 100퍼센트를 넘은 지 거의 20년 가까이 됐어. 2002년부터 100퍼센트를 넘었거든. 2019년 기준 주택 보급률은 104.8퍼센트에 달하지. 집은 이미 충분히 많아. 그렇다면 자기 집이 없어서 수시로 이사 다니는 수많은 사람은 대체 뭘까? 집은 많은데 집 없는 이들이 차고 넘치는 모순을 어떻게 이해해야 할까? 주택 보급률은 100퍼센트를 넘었지만, 자가 소유율은 56.3퍼센트에 불과하지. 서울은 48.6퍼센트야. 결국 누군가 여러 채의 집을 소유하고 있다는 뜻이겠지.

대한민국 전체 인구 중 토지를 소유하고 있는 개인은 얼마나 될까? 33.4퍼센트야. 2018년 기준으로 상위 1퍼센트가 전체 토지의 약 53.6퍼센트(면적 기준)를 갖고 있고, 10퍼센트가 96.5퍼센트를 차지하고 있어. 상위 1퍼센트와 10퍼센트가 전체 토지 자산 중에서 차지하는 비중이 그래. 10채 이상을 소유한 다주택자는 3만 7000명이야. 통계 작성 이래 최대 수준이지. 집을 소유한 10살 미만 어린이가 8139명에 달한다고 해. 거의 1만 명에 가깝지. 2018년 한 조사에 따르면, 18세 미만 미성년자가 주택 235채를 소유한 사례도 있었어.

기업도 마찬가지야. 2018년 기준으로, 상위 1퍼센트의 기업이 전체 기업이 소유한 부동산의 75.4퍼센트(면적 기준)를, 상위 10퍼센트가 무려 92.3퍼센트를 소유하고 있어. 더 심각한 문제는 소유의 편중이 갈수록 심화되고 있다는 점이야. 2008~2014년 6년 사이에 상위 1퍼센트 기업이 소유한 부동산은 546조 원에서 966조 원으로 77퍼센트 증가했고, 상위 10개 기업의 보유 부동산 가격은 180조 원에서 448조 원으로 무려 147퍼센트나 늘어났어(〈'부동산공화국'의 실상과 보유세〉 참고).

다른 것으로 대체할 수 없고 가만히 놔둬도 가치가 증가하는 것이 바로 땅이야. 일부 계층이 이런 땅을 사유화하면서 거기에서 발생하는 어마어마한 불로소득▲을 독점하고 있어. 부동산 독점은 많은 문제를 일으키지.

《땅과 집값의 경제학》은 20세기 말 경제·사회적 돌파구를 찾지 못한 세계 각국의 정부와 시민들이 부동산에서 출구를

사진 3-1 아랍에미리트 두바이 신도심에 위치한 높이 828미터를 자랑하는 세계 최고층 건물 부르즈 할리파. 하늘을 찌를 듯이 높이 솟은 마천루가 늘어날수록 빈부 격차는 커진다.
(출처: unsplash.com)

찾았고 그런 집단적 움직임이 주택담보대출을 땔감 삼아 부동산 열풍을 일으켰다고 진단했어. 이젠 주요 선진국 어디서나 부동산을 얼마나 소유하는지가 부를 결정하지. 전 세계적

▲ 불로소득을 다른 말로 지대(地代·rent)라고도 해. 지대는 원래 토지를 빌려주고 얻는 수익을 가리켰어. 그런데 사회가 복잡다단해지면서 지대의 의미가 확장됐지. 토지, 주택, 기계, 자동차 등을 일시적으로 사용하는 대가로 그것을 소유한 상대에게 지불하는 비용을 가리키거든. 이제 지대는 토지 임대료, 지적 재산권 이용료, 자본 소득 등 독점적 이윤을 포함하지.

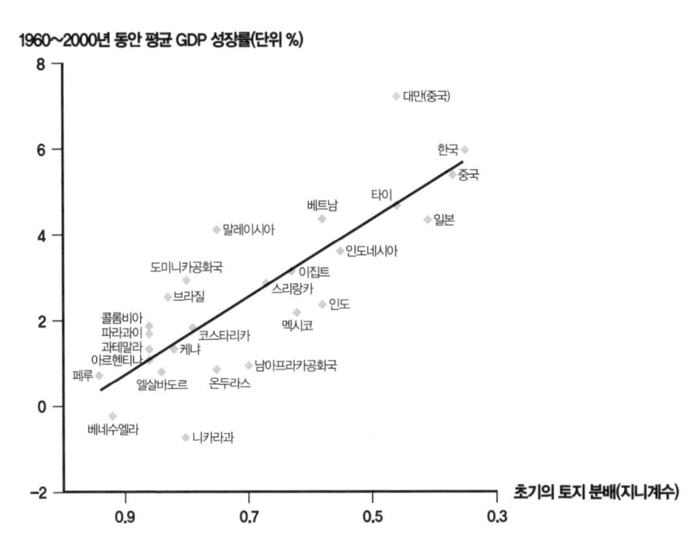

표 3-1 토지 분배 공정성이 경제 성장에 미친 영향 분석

으로 부동산은 부의 불평등과 빈부 격차의 주요 요인이 됐어.

그래프는 1960년의 토지 분배 공정성이 이후 40여 년간의 경제 성장에 미친 영향을 분석한 세계은행의 연구 결과를 보여 주지. 세로축은 평균 GDP의 성장률을 나타내고, 가로축은 초기의 토지 분배를 지니계수로 표현한 거야. 토지 분배 지니계수는 0~1까지의 값을 갖는데, 숫자가 클수록 더 불평등하지. 한국, 대만 등 토지 분배가 비교적 균등한 나라가 베네수엘라, 아르헨티나 등 토지가 불균등하게 분배된 나라보다 성장률이 훨씬 더 높았어. 토지 분배가 공정할수록 더 빠르게 성장한 셈이야.

일찌감치 선진국 대열에 들어선 일본을 필두로 한국·대만·싱가포르 등 제1세대 신흥공업국은 1960년대 이후 세계에서 가장 빠른 경제 성장을 이뤘어. 이러한 성장은 1980년대 이후 태국·인도네시아·말레이시아 등 동남아시아의 2세대 신흥 공업국으로 확산됐지. 흥미로운 점은 공통적으로 이 지역들에서 토지 분배가 상당히 평등하게 이뤄졌다는 사실이야. 균등한 분배가 경제 성장과 사회 발전에 적합한 정치·경제적 환경을 만들었다고 볼 수 있지. 성장의 열매를 골고루 나눈다는 원칙이 사회 구성원들의 적극적인 참여를 이끌었어.

2차 세계대전이 끝나고 식민지에서 해방된 한국과 대만은 좌우 이념 대립의 정치적 혼란 속에서도 토지 개혁에 성공했어. 농촌경제연구원의 자료에 따르면, 농지 개혁 결과 전체 농지의 31퍼센트가 소유자가 달라졌지. 지주(地主)에서 소작농으로 소유자가 바뀌었어. 토지 개혁은 부의 분배를 평등하게 하고 지주 등 기득권 세력의 힘을 약화했지. 그 덕분에 정부가 기득권층과 이해 집단에 휘둘리지 않고 경제 개발을 추진할 수 있었어. 아프리카나 라틴아메리카 등 다른 개도국의 상황과 비교해 보면, 평등한 분배와 급속한 성장의 관계가 보다 분명히 드러나지.

우리가 1960~1970년대 고도 성장을 이룰 수 있었던 건 토지 개혁 덕분이었어. 토지를 공평하게 분배해서 계층 간 격차를 해소하고 교육을 통한 계층 상승의 기회를 보장할 수 있었지. 그렇게 축적된 인적 자원이 경제 성장의 바탕이 됐어. 이것이 평등의 힘이야. 여기서 우리는 분배와 성장의 관계를 확인하게 되지. 경제학자들은 소득이나 부의 불균등한 분배가 장기적인 경제 성장에 부정적이라는 점에 대체로 동의해. 또한, 빈부 격차는 범죄율과 계층 갈등을 부추겨 사회 불안을 심화시키지. 토지 때문에 발생하는 부의 집중을 막을 필요가 있는 이유야.

《걸리버 여행기》(1726)의 3부 〈하늘을 나는 섬나라〉에는 하늘을 나는 섬 '라퓨타'가 나오지(미야자키 하야오의 〈천공의 성 라퓨타〉(2004)라는 같은 이름의 애니메이션도 있어.). 〈하늘을 나는 섬나라〉에는 하늘(라퓨타)에 사는 이들과 땅(발니바비)에 사는 이들이 나와. 하늘 위의 라퓨타는 풍족하지만, 땅 위의 발니바

비는 헐벗고 가난하지. 라퓨타를 먹여 살리느라 식량을 빼앗긴 탓이야. 전부(全部)를 가진 라퓨타와 가진 게 전무(全無)한 발니바비. 발니바비에 사는 이들은 라퓨타에서 먹다 버린 쓰레기로 연명하지. 그들은 라퓨타에 가고 싶어도 올라갈 수가 없어.

이런 분리와 구분이 극단화된 사례가 페루에 있는 '빈부의 장벽'일 테지. 페루 수도 리마(Lima)시 남동쪽에 있는 부촌과 빈촌을 가르는 긴 장벽이야. 산등성이를 따라 길게 늘어진 장벽은 길이가 무려 10킬로미터에 달하지. 높이 3미터에 철조망까지 붙어 있는 콘크리트 장벽은 부촌과 빈촌을 완전히 분리하고 있어. 저택들이 있는 부촌 주민들이 안전을 이유로 1980년대부터 장벽을 세우기 시작했어. 장벽 왼편 가까이로 허름한 판잣집들이, 오른편 저 멀리로 저택들이 위치하지. 부유층만의 주택 단지가 만연한 사회는 발니바비 위에 군림하는 라퓨타와 다를 게 없어.

빈촌의 판잣집 주민들은 장벽 때문에 수치심을 느낀다고 해서 장벽을 '수치의 장벽(Wall of Shame)'으로도 부른대. 부자만을 위한 세상은 빈자에게 수치심과 모멸감을 주지. 수치와 모멸을 통해 가난이 제 탓인 것처럼

부동산

세뇌하는지도 몰라. 이것은 인간에 대한 모욕이자 범죄가 아닐까? 자기의 소유물을 지킨다는 명목으로 무고한 사람들을 전부 잠재적 범죄자로 취급하는 거지.

예전에는 부모의 직업 등을 통해 사회경제적 지위를 예측했어. 지금은 학교에서도 가정환경 조사 때 부모의 직업을 묻지 않는 곳이 많아. 그렇다면 요즘엔 무엇으로 사회경제적 지위를 예측할까? 바로 사는 곳이지. "당신이 사는 곳이 당신이 누구인지 말해 줍니다." 2000년대 초반 유행했던 한 건설사의 광고 문구야. 심지어 초등학생들조차 아파트 브랜드와 아파트 평수 등에 따라 서열을 구분한다는 씁쓸한 이야기도 들려오지.

엘사라고 들어 봤어? LH(한국토지주택공사)가 지은 임대 아파트에 사는 사람을 줄여서 '엘사'라고 부르지. 최근 몇 년 사이에 일부 초등학교에서 유행하는 신조어야. 엘사 전에는 휴거가 유행했어. LH 아파트 브랜드인 '휴먼시아'에 사는 사람을 비하하는 뜻으로 어린 학생들 사이에서 '휴거(휴먼시아+거지)'라고 불렀어. 휴거를 비롯해서 임거(임대 주택 거지), 주거(주공아파트 거지), 반거(반지하 거지), 빌거(빌라 사는 거지), 전거(전세 사는 거지), 월거(월세 사는 거지) 등 갖가지 혐오 표현이 어린 학생들 사이에서 버젓이 쓰이고 있어.

최근에 많이 쓰이는, 계층과 관련된 혐오 표현들은 주거 형태를 비꼬고 멸시한다는 특징이 있어. 어디에 사는지가 사회경제적 지위를 여실히 드러내기 때문이겠지. '사는 곳'을 멸시하는 말들 말고도 대놓고 수입을 비하하는 말들도 있어. '이백충', '삼백충'(월급에 벌레 '충(蟲)'을 붙여 조롱하는 말) 같은 말들이야. '휴거'의 거지는 그나마 사람 축에라도 끼지만, 벌레에 속하는 이백충, 삼백충은 아예 사람도 아니지.

이렇게 된 데는 당연히 어른들의 책임이 크지. '아이는 어른의 등을 보며 자란다'는 속담이 있어. 어른들이 알려 주지 않았다면 아이들이 임대아파트의 개념을 알 리가 없잖아? 2015년에는 강남의 한 아파트 주민들이 인근 보금자리 주택(공공 임대 주택) 학생들이 단지 안에 위치한 중학교에 배정되자 항의하기도 했어. "저쪽은 학업, 학습 환경이 너무 안 좋잖아요." 심지어 자기 단지 안에 다른 아파트 주민들이 함부로 다닐 수 없게 단지 경계에 철조망을 치거나 펜스에 대못을 박기도 하지. 출입구와 놀이터 이용을 막기 위해서야.

"내가 이 집을 어떻게 샀는데, 그래서 어떻게 올린 집값인데 공공 주택이 들어와서 집값을 떨어뜨릴 생각을 하느냐, 그래서 그렇게 공공이 지은 걸 날름 청년들이 가져가려고 하느냐, 이건 도둑놈 심보다."

행복 주택이라는 게 있어. 대학생·신혼부부·사회초년생 등에게 시세보다 싸게 월세와 보증금을 받는 임대 주택을 제공하는 청년 주거 정책이야. 해당 지역에서 행복 주택 사업을 시작하기 전에 정부는 사업설명회를 진행하지. '내가 어떻게 올린 집값인데'는 이 설명회장에서 나온 주민의 발언이야. 부동산을 둘러싸고 한국 사회가 드러내는 탐욕의 민낯이지. 정말 그 주민의 말처럼 집값은 노력으로 올린 걸까? 주민의 말은 반은 맞고 반은 틀리지. '어떻게 샀는데'는 맞지만 '어떻게 올렸는데'는 틀렸어.

아껴 쓰고 죽어라 일해 저축해서 어렵사리 집을 샀을 순 있어. 그러나 그 뒤로 집값을 올리기 위해서 땀 흘린 것은 없지. 물론 어떤 노력들도 있었을 거야. 집값 떨어진다고 행복 주택 같은 임대 주택이나 장애인 시설이 들어서는 것에 결사반대하고, 같은 단지 안에서도 임대 주택과 구분 짓기 위해 담장을 세우고, 아파트 부녀회를 중심으로 집 있는 사람들끼리 모여 집값 담합 반상회를 열고, 집값 올려 주겠다는 공약을 남발하는 정치인(뉴타운·재개발·재건축 사업)에게 표를 몰아주고….

그런데 이를 제대로 된 노력이라고 할 수 있을까? 부끄러움도 모르고, 인간에 대한 예의도 없는 이 '노력'들을 과연 땀 흘려 일하는 노력이라 말할 수는 없을 거야. 게다가 이런 행위들 때문에 집값이 올라가는 것도 아니거든. 그런데도 공동체를 쪼개고 파괴하는 이런 행위들이 '재산권 보호'의 이름으로 자행되지.

서울 마포구의 한 아파트는 이른바 '소셜 믹스'(Social Mix, 아파트 단지 내에 일반 분양과 공공 임대를 함께 조성하는 것) 아파트로 지어졌어. 일반 분양과 달리 공공 임대는 돈 없는 사람들에게 저렴한 가격에 일정 기간 주택을 공급하는 방식이지. 전체 29층인 아파트는 3층까지 상가가 있고, 4층부터 10층까지는 임대 가구가, 11층부터는 일반 분양 가구가 배치되어 있어. 승강기는 임대 가구와 분양 가구가 별도로 사용하지.

문제는 승강기가 분리 운영되면서 비상계단도 분리됐다는 점이야. 일반 분양 가구 쪽 승강기는 29층까지 운행하지만, 임대 가구 쪽 승강기는 10층까지만 오가고 비상계단도 10층까지만 있어. 만약 1~2층에서 불이 나면 임대 가구 주민들은 꼼짝없이 10층에 갇히게 되지. 국토교통부 시행령에는 '비상계단은 옥상으로 이어져야 한다'는 규칙이 있어. 괴상한 건물 구조는 계층이 다르면 같이 살기 어렵다는 생각을 반영한 결과가 아닐까? 빈부 격차가 생명과 안전을 위협하고 있어.

사실 2003년 서울시가 도입한 소셜 믹스는 부동산으로 인한 계층 갈등을 해소하기 위해서 조성됐어. 경제적·사회적 수준이 다른 주민이 함께 어울려 살면서 계층 간 위화감을 누그러뜨리려는 취지였지. 그런데 현실에서는 애초 의도와 정반대로 계층 갈등을 해소하기는커녕 부추기고 있어.

분양 단지 주민 중에는 자기 자녀가 임대 단지에 사는 아이들과 어울리지 못하도록 놀이터·피트니스센터 등 단지 내 시설 이용과 어린이집 입학, 학교 배정 등에 선을 그으려고 하지. 분양 단지에서 임대 단지와 구분하기 위해 담장을 두르고 철조망을 치는 것도 그 때문이야. 결국 분양 단지 주민과 임대 단지 주민들 사이에 갈등을 빚게 되지. 사회학자 지그문트 바우만은 《액체 근대》에서 우리 시대는 "쥘 수 있는 한 많은 공간을 움켜쥐는 것, 그리고 소유를 증빙하는 구체적 증거들과 '침입 금지' 푯말을 달아 그 공간을 지키는 것"이 최상의 목표가 되었다고 꼬집었어.

도시 안에 그어지는 경계는 도처에서 목격되지. 빈촌과 부촌을 나누는 경계선뿐만 아니라 신도시와 구도심, 분양 아파트와 임대 아파트, 브랜드 아파트와 빌라(다세대·연립 등), 고급 오피스텔과 원룸·고시원, 지상과 반지하, 편의점과 구멍가게, 대형마트와 재래시장… 수많은 경계선이 도시를 수놓고 있어. 이런 식의 경계 짓기는 사람들의 머릿속에 그대로 각인

되지. 그 극단에서 '빌거', '월거' 같은 말들이 생겨나지 않았을까? 우리라고 나중에 페루처럼 거대한 장벽이 세워지지 말라는 법이 없지.

경제 위기 - 부동산과 거품 경제

바로크 시대를 대표하는 네덜란드 화가 렘브란트는 빛과 어둠을 극적으로 배합하는 기법으로 유명해. 그래서 '빛과 어둠의 화가'로 불리지. 당대의 그룹 초상화들은 졸업 앨범의 단체 사진처럼 인물들을 의미 없이 배치했어. 반면에 렘브란트는 역동적인 화면 구성과 이야기를 도입했지. 화가로서로는 승승장구했지만, 렘브란트의 말년은 불행했어. 집과 미술품을 모두 경매로 넘기고 파산한 렘브란트는 빚에 시달려야 했거든. 파산한 계기는 유럽을 휩쓴 튤립 파동이었어.

튤립 파동은 17세기 네덜란드에서 벌어진 과열 투기 현상을 가리키지. 당시 튤립 가격이 천정부지로 치솟았어. 무늬가 있는 튤립은 엄청나게 비쌌지. 매우 희귀했거든. 튤립 애호가들이 함성을 지를 만큼 감탄한 꽃은 '센페이 아우구스투스(영원한 황제)'라는 이름의 튤립이었는데, 붉은 보랏빛과 흰색 줄

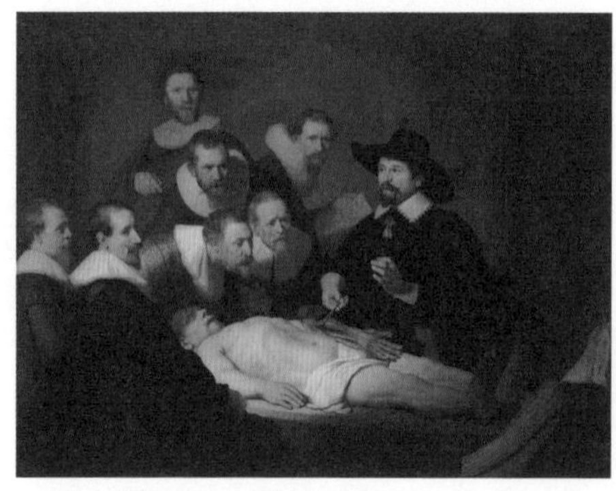

◀**사진 3-2** '빛과 어둠의 화가'로 불리며 바로크 시대를 대표했던 화가 렘브란트에게 불행한 말년을 선사한 것은 다름 아닌 튤립이었다. 렘브란트, 〈니콜라스 튈프 박사의 해부학 강의〉(1632). (출처: 위키미디아 커먼즈)
▶**사진 3-3** 17세기 네덜란드를 투기로 들끓게 했던 주인공. (출처: unsplash.com)

무늬가 섞인 꽃이었지. 최고급 튤립의 알뿌리 한 개 값이 집 한 채 가격과 맞먹었어. 최초의 거품 경제라고 할 수 있지.

대한민국에서 끊이지 않고 부는 바람이 있어. 바로 부동산 투기 광풍(狂風)이야. 세입자로 살아가는 평범한 사람들은 공인중개소 앞에 걸린 초현실적인 집값에 아연실색하지. 한마디로 '미친 집값'이 아닐 수 없어. 현재의 부동산 가격은 거품일까, 아닐까? 알 수 없어. 거품이 아닐 수 있지. 오히려 지금보다 더 오를지도 몰라. 거품이든 아니든, 부동산 가격 폭등이 결국 서민에게 큰 피해를 준다는 점에서 거품 경제와 비슷한 효과를 내지. 무주택자는 물론이고 지금 아니면 집을 살 수 없다는 불안감에 영끌(영혼까지 끌어모아)로 주택 구입에 뛰어든 젊은 층도 피해자야.

거품은 거품이 꺼지고 나서야 알 수 있다고 하지. 꺼지기 전까진 누구도 거품을 확신하기 어렵거든. 2008년 미국발 금융 위기가 전 세계로 퍼졌어. 2008년 11월 영국 여왕 엘리자베스 2세가 세계 최고의 경제학과를 자랑하는 런던정경대학을 방문했지. 여왕은 그해 발생한 세계금융 위기를 주제로 한 발표를 듣고 난 후 "왜 아무도 이런 일을 예상하지 못했지요?"라고 물었어. 경제학자들은 선뜻 입을 떼지 못했지.

아무도 예측하지 못했던 건 아니야. 일부 경제학자들은 분명히 경고했거든. 다만 그들은 주류 경제학의 주목을 받지 못했을 뿐이야. 대표적인 인물이 영국 경제학자 프레드 해리슨(Fred Harrison)이지. 프레드 해리슨은 거품 붕괴가 18년을 주기로 반복된다는 이른바 '18년 주기설'을 주장한 영국의 조지스트(경제학자 헨리 조지의 사상을 따르는 경제학자들의 무리) 경제학자야. 프레드 해리슨은 노벨경제학상을 받은 유명 경제학자들조차 예측하지 못한 1992년의 경제 위기와 2008년의 세계금융 위기를 예견한 것으로 유명하지.

헨리 조지는 《진보와 빈곤》에서 토지와 부동산 문제가 경제 위기와 공황을 일으키는 메커니즘, 즉 공황 이론을 제시했어.

헨리 조지의 공황 이론을 도식화하면 다음과 같지. 경제 성장 → 토지 가격 상승 → 토지·부동산 투기 → 땅값과 지대 상승 → 지대 상승에 따른 임금과 이자의 감소 → 임금 감소에 따른 구매력 하락, 이자 감소에 따른 자본 투입 축소 → 생산 위축 → 경기 불황 → 부동산 거품의 붕괴 → 건설·금융 산업 붕괴에 따른 전 산업의 연쇄 붕괴, 가계 파산 → 공황.

실제로 부동산 투기는 경제 전체를 위기에 빠뜨려 왔지. 헨리 조지는 부동산 시장의 특수성 때문에 시장 자체에서 거품의 형성과 붕괴가 일어날 수밖에 없음을 밝히고 있어. 부동산 시장은 공급이 제한적이고, 미래 가격에 대한 기대에 영향을 크게 받는 투기 수요가 시장을 지배하기 쉽지. 그런 탓에 부동산 시장은 가격이 상승하면 더 폭등하고, 하락하면 더 폭락하는 경향이 나타난다는 거야.

이제까지 발생한 주요 경제 위기들은 많은 경우에 과도한 부동산 투기에 따른 거품 붕괴에서 비롯했어. 20세기 이후 주요 금융 위기는 대공황(1929~1933년), S&L(저축대부조합) 위기(1984~1992년), 북유럽 3국 금융 위기(1988~1993년), 일본 금융 위기(1990~2002년), 글로벌 금융 위기(2008~2009년) 등 5개야. 이들 금융 위기의 공통점은 금융 완화나 금융 자유화 등에서 비롯한 자산 거품이 붕괴한 거였어. 쉽게 말해, 대출 한도 등을 폐지하는 금융 규제 완화 정책이 과도한 부동산 대출로 이어져 자산 거품을 형성했어.

예를 들어 1980년대 스웨덴과 일본은 공통적으로 금융 완화 정책으로 부동산 가격이 치솟기 시작했지. 스웨덴의 경우 10년 동안 부동산 가격은 9배, 주가는 10배 가까이 상승했어. 이후 1990년을 기점으로 거품이 꺼지기 시작하면서 두 나라 모두 2년 동안 30~40퍼센트씩 부동산 가격이 폭락했지. 경제 성장률은 제로 또는 마이너스를 기록했어. 전 재산이라 할 수 있는 10억 원짜리 집이 하루아침에 6억~7억 원으로 떨어진다고 상상해 봐. 경제적 충격이 가늠되지? 은행들은 도산하고 가계는 파산했어.

대공황 때도 상황은 비슷했지. 제1차 세계대전 이후 1920년대 미국은 호경기가 지속됐어. 그에 따라 풍부해진 유동성과 해외에서 유입된 과잉 자본이 부동산과 주식 등의 자산 시장으로 유입됐지. 그와 동시에 부동산과 주식에 대한 투기적 대출이 이어졌어. 1923~1929년 중 부동산 관련 대출이 48.8퍼센트나 증가했지. 이후 주택 시장과 주식 시장에 낀 거품이 터지면서 세계 경제는 혹독한 겨울을 겪어야 했어. 1933년 실업률은 24.9퍼센트까지 치솟았고, 1929~1933년에 도산한 은행은 무려 9755개에 달했지.

가장 최근 발생한 세계적 금융 위기는 2008년 글로벌 금융 위기야. 글로벌 금융 위기의 도화선은 미국발 금융 위기였어. 당시 미국 금융계에 만연한 무분별한 주택 담보 대출이 문제였지. 그래서 미국발 금융 위기를 '서브프라임 모기지▲ 사태'라고 불러. 《패닉 이후》는 "돈 갚을 능력이 안 되는 사람에게 (막대한) 돈을 빌려줬기 때문"에 서브프라임 사태가 발생했다고 진단하지. 미국 금융 기관들이 부동산 시장을 낙관해 신용 등급이 낮은, 즉 빚 갚을 능력이 안 되는 사람들에게도 주택을 담보로 제한 없이 대출해 줬거든.

은행은 돈이 필요한 사람에게 돈을 빌려주지. 물론 아무에게나 빌려주는 건 아니야. 신용이 좋든지 담보가 있든지 은행이 요구하는 조건을 충족해야 빌려주지. 은행에서 돈을 빌리는 주체는 기업과 가계야. 기업은 생산 활동에 필요한 자금을, 가계는 생산 활동, 주택 구입, 생활비 등으로 자금을 빌리지. 가장 큰 비중은 주택 구입이야. 금융권에선 주택 소유자에게 대출해 주는 게 제일 안전하지. 채무자가 집을 들고 잠적하긴 어려울 테고, 대출금을 갚지 못하면 담보로 잡힌 집을

▲ 미국은 신용 등급에 따라 프라임, 알트-A, 서브프라임으로 나누지. 그러니까 서브프라임은 신용 등급이 가장 낮은 사람들이 속한 등급이야. 서브프라임 모기지는 서브프라임 등급에 이뤄지는 담보 대출이지. 모기지(mortgage)가 담보 대출을 뜻하거든.

회수하면 되니까.

이웃 나라인 일본을 덮친 장기 불황의 그늘 역시 부동산 거품에서 비롯했어. 1956~1986년 사이에 일본의 소비자 물가는 2배 정도 올랐지만, 같은 기간에 땅값이 무려 50배 이상 치솟았지. 1989년 일본의 자산 거품이 절정에 달했을 때 "도쿄를 팔면 미국 전체를 살 수 있다."는 말이 나돌았어. 도쿄의 부동산 가치가 미국 전체 부동산 가격보다 높았거든. 과열된 부동산 시장이 부동산 거품을 무한정 키웠고, 결국 거품이 붕괴하면서 장기 불황이 찾아왔지. 1991년 일본에서 부동산 거품이 꺼지면서 무려 1500조 엔의 자산이 한순간에 사라졌어. 당시 엔·원 환율로 계산하면 9750조 원, 거의 1경 원에 달하는 돈이야.

〈한국의 토지 문제와 경제 위기〉에 따르면, 1997년 IMF 외환위기, 2008년 세계 금융위기 이전까지 우리나라는 1971~1996년 사이에 총 다섯 차례의 경제 불황을 겪었다고 해. 1971~1972년의 1차 불황, 1974~1975년의 2차 불황, 1979~1980년의 3차 불황, 1984~1985년의 4차 불황, 1992~1993년의 5차 불황. 이 중 석유파동으로 발생한 2차 불황을 제외한 네 차례의 불황이 모두 투기성 지가 급등 직후 발생했어.

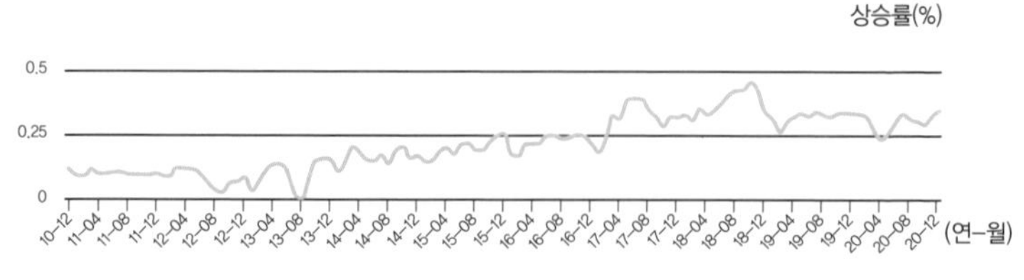

표 3–2 2010~2020년 동안의 지가 변동률

최근 상황은 어떨까? 그래프는 최근 10년 동안의 지가 변동률을 보여 주지. 지가가 꾸준히 상승하고 있다는 걸 알 수 있어. 가계부채도 빠르게 증가했지. 한국은행에 따르면 2020년 가계 대출은 1700조 원을 넘었어. GDP 대비 100퍼센트를 넘는 액수야. GDP 대비 가계 대출 비율은 주요국 39개국 중 1위를 차지했어. 가계 대출이 부동산과 직간접적으로 관련된다는 점을 생각하면 허투루 넘길 일이 아니야.

4장
사람 위에 사람 없다? 사람 위에 부동산 있다!

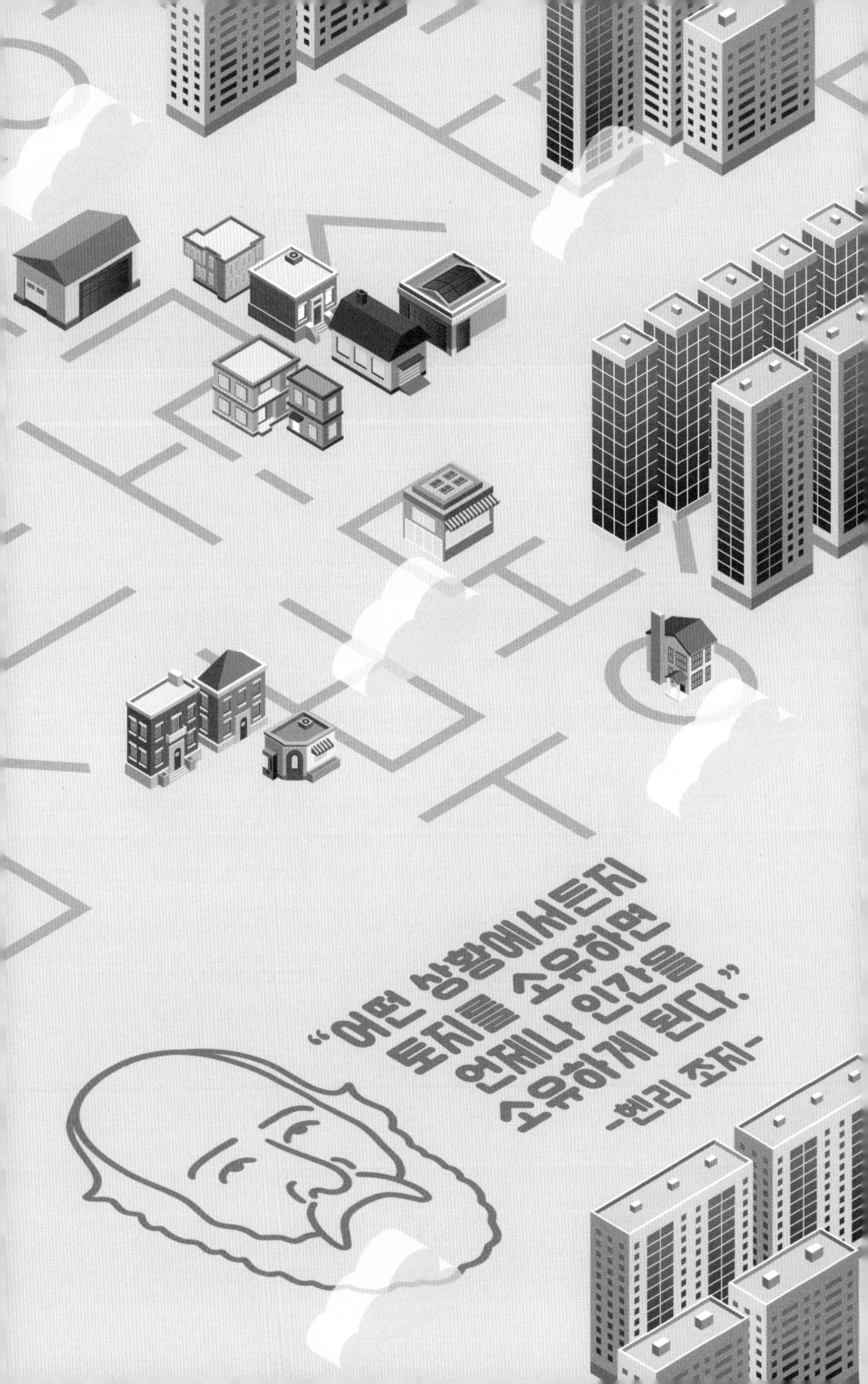
"어떤 상황에서든지
토지를 소유하면
언제나 인간을
소유하게 된다."
-헨리 조지-

둥지에서 쫓겨나는 이들 - 젠트리피케이션

케빈 코스트너 주연의 〈쓰리데이즈 투 킬(3 Days to Kill)〉(2014)이라는 영화가 있어. 시한부 판정을 받은 CIA 비밀요원이 3일간 마지막 임무를 수행하는 내용의 영화야. 주인공은 한동안 외국에 머물다 오랜만에 집으로 돌아오는데, 낯선 외국인 이민자들이 자신의 집을 차지하고 있어. 주인공은 경찰서로 찾아가 퇴거를 요청하지만, 어쩔 수 없다는 답변만 돌아오지. 경찰의 도움을 못 받는다면 직접 나서야 할까? 경찰은 그 역시 위법이라서 감옥에 갈 수 있다며 주인공을 말리지.

자기 집을 함부로 차지한 사람을 내쫓지 못한다는 게 무슨 말일까? 프랑스에는 동절기인 11~3월 사이에 강제 퇴거를 금지하는 '트레브 이베날(Treve hivernale)'이라는 제도가 있어. 이 법에 따라 겨울에는 불법 거주자인 경우에도 봄이 되는 4월 전까지는 강제 퇴거가 어렵지. 경찰이든 집 주인이든 겨울에는 비어 있는 남의 집에 함부로 들어와 사는 사람들조차 쫓아낼 수 없어. 왜 이런 법이 만들어졌을까? 부동산 소유자의 재산권도 중요하지만, 그것 못지않게 사람의 생명이 소중하기 때문이야.

우리나라의 현실은? 재산권이 거주권을 가볍게 이기지. 최근에 젠트리피케이션(gentrification)이 사회적으로 뜨거운 논란거리가 됐어. 도시 개발과 임대료 상승 때문에 원래 살던 이들이 내몰리는 현상이 젠트리피케이션이야. 영국의 사회학자 루스 글라스(Ruth Glass)가 1964년에 젠트리피케이션이란 말을 처음 만들었지.▲

젠트리피케이션에는 주거 젠트리피케이션과 상업 젠트리피케이션이 있어. 주거 젠트리피케이션은 주거민들이 내쫓기는 현상이고, 상업 젠트리피케이션은 장사하는 사람들이 내쫓기는 현상이야. 사실 영미권에서 젠트리피케이션은 주로 주거 젠트리피케이션을 가리키는 경우가 많아. 우리나라에 도입되는 과정에서 주거 젠트리피케이션의 의미가 퇴색하고 상업 젠트리피케이션으로 축소됐지.▲▲

▲ 영국을 흔히 '신사의 나라'라고 부르지. 신사를 영어로 '젠트리'라고 해. 우리에겐 젠틀맨이 더 익숙하지. 젠틀맨은 젠트리에서 나온 말이야. 영국은 130여 년간 이어진 백년전쟁과 장미전쟁을 거치며 많은 귀족이 죽었어. 이때 많은 부를 지닌 지주 계급이 귀족을 대신해 영국을 이끌었지. 이 사람들이 바로 젠트리야. 젠트리피케이션은 바로 젠트리에서 파생된 단어지. 어떤 지역이 중하류층이 아니라 상류층, 즉 젠트리가 모여 사는 동네로 바뀌었다는 뜻이야.

▲▲ 한국에 주거 젠트리피케이션 문제가 없는 건 아니야. 2009년 용산 참사 사건 때는 강제 철거 과정에서 6명이 죽기도 했어. 다만, 이후 강제 철거에 대한 행정 당국과 시민들의 인식이 다소 바뀌었지. 그리고 무분별한 재개발 정책보다 도시 재생으로 정책이 전환됐어. 지금까지 대한민국은 365일 공사로 늘 분주했어. 부수고 새로 짓고, 부수고 새로 짓는 무한 반복이었지. 그러다 서울시가 도시 재생을 꺼내들면서 지역 전체를 뜯어고치는 재개발 방식에 제동이 걸렸어. 개발이 무조건 나쁘다는 뜻은 아니야. 나쁘게 이뤄지는 개발이 문제지.

오늘날의 젠트리피케이션도 원래 의미처럼 유입과 추방이라는 상반된 측면을 가지고 있어. 누군가 들어오려면 다른 누군가를 밀어내기 마련이지. 신현준 성공회대 교수는 《서울, 젠트리피케이션을 말하다》라는 책에서 "허름한 동네에 예술가의 작업실이 들어서면, 3~4년 뒤에는 카페나 레스토랑이 들어오고, 다시 3~4년이 지나면 글로벌 프랜차이즈 기업이 들어온다."라고 밝혔어. 프랜차이즈 매장들이 들어오면 좋은 걸까? 그만큼 동네가 살기 좋아진 걸까? 프랜차이즈 매장들이 들어오면서 기존 소규모 매장들은 사라지지. 그래서 젠트리피케이션을 우리말로 '둥지 내몰림'▲으로 번역하기도 해.

동네가 뜨면(인기를 얻고 유명해지면) 소규모 점포는 사라지고 어느새 대기업 프랜차이즈가 그 자리를 차지하지. 동네가 뜰수록 동네를 뜨는 이들이 늘어나는 이유야. 예술가·자영업자 이주해 들어옴 → 개성 넘치는 지역 형성 → 임대료 상승 → 대기업 프랜차이즈 입점 → 영세 상점들의 이주. 서울의 인사동, 삼청동, 서촌 등은 모두 그러한 과정을 밟아 왔지. 예술가나 자영업자들이 동네를 띄워 놓자 기업형 상점이나 대규모

▲ 2016년 국립국어원은 젠트리피케이션을 '둥지 내몰림'으로 쓰자고 제안했어. 그러면서 "옛 도시 중심부(또는 도시의 어떤 지역)가 번성해 중산층 이상 사람들이 몰리면서 임대료가 오르고 원주민(그 지역에 오래전부터 살고 있었던 사람들)이 내몰리는 현상"이라는 풀이를 내놓았지.

프랜차이즈 등이 들어와 기존에 살던 사람들을 밀어냈고 지금도 밀어내고 있어. 대한민국에서 쉽게 망하지 않는 이들이 바로 건물주와 초대형 대기업이지. 이런 사태를 꼬집는 우스갯소리가 "조물주 위에 건물주"야.

최근에 망리단길이 인기를 끌자 서울 망원동의 부동산 값이 들썩이고 있어. 망원동도 비슷한 전철을 밟게 될 거야. 세입자들은 "장사가 잘돼도 문제, 안돼도 문제"라고 말하지. 장사가 잘되면 임대료가 올라서 내쫓기고 장사가 안되면 가게 문을 닫아야 하기 때문이야. 정말 이상한 상황 아니야? 장사가 잘되면 좋은 거고 안되면 걱정인 게 정상일 텐데, 잘되든 안되든 걱정인 사회는 정상이 아닌 거지. 한국에선 장사하는 사람이 자기 소유의 상가를 가지고 있지 않는 한 모두가 비슷한 처지야.

다시 강조하자면, 땅값의 어마어마한 상승은 정부 정책과 인구 이동 등 개인의 노력이 아닌 환경의 변화에서 발생한 거야. 땅값을 올리려고 일부러 그런 건 아니지만, 도시가 팽창하고 유동 인구가 모여들면 자연스레 부동산 시장이 들썩이게 마련이지. 땅값 상승은 수많은 사람이 어우러져 만들어진 결과야. 그러니까 부동산 가치 상승은 사회적 협업의 산물인 거지. 앞서 살펴본 강남 개발도 마찬가지야. 부동산 소유자

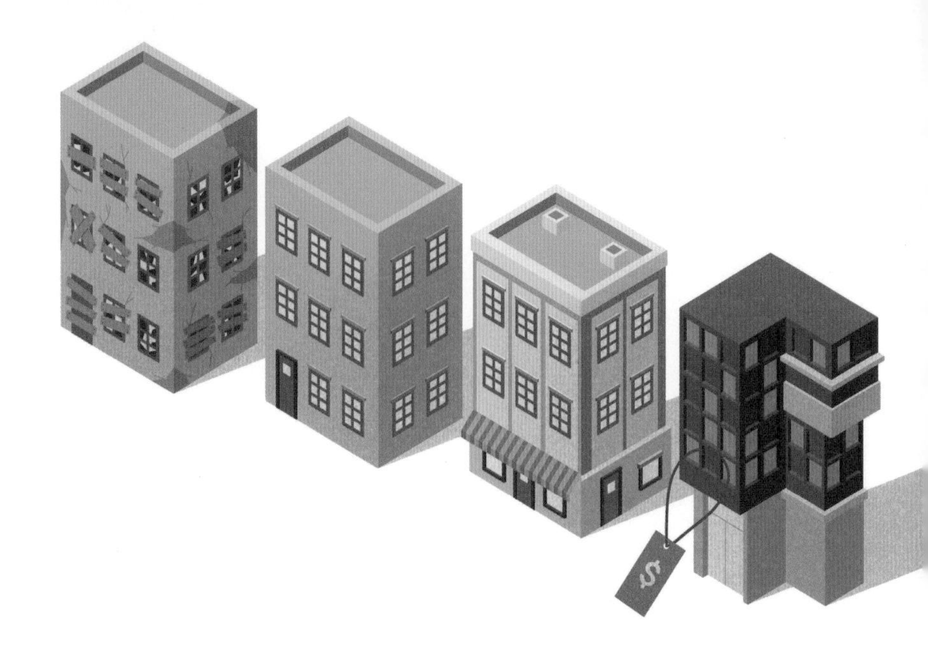

들이 비용을 지불하지 않은 건 아니지. 값을 치르고 부동산을 구입한 건 맞아. 다만, 강남 개발이라는 공적 요인과 여기에 더해진 다양한 사회적 협력으로 발생한 지대를 토지 재산권에 근거해 독식하는 현실은 생각해 볼 필요가 있지.

젠트리피케이션이 진행된 지역의 부동산도 다르지 않아. 그 지역의 부동산 가치는 예술가, 개성 넘치는 상점의 주인, 지역 주민 등이 힘을 모아 끌어올린 거야. 아울러 지방자치단체의 지원도 더해지지. 그 지역을 찾아 준 방문객과 관광객도 빼놓을 수 없어. 매상을 올려 주고 멋진 사진을 찍어 SNS에 올린 덕분에 지역 경제가 활성화되니까. 예술가, 상인, 손님,

지역 주민, 지방자치단체 등 수많은 사람이 어우러져 이뤄 낸 결과가 부동산 가치 상승이야. 즉 부동산 가치 상승은 공적 성격을 띤다고 볼 수 있어.

그런데 그러한 공적 가치가 건물주의 사익으로 수렴되지. 식당의 밥값, 술집의 술값, 옷가게의 옷값 등 거의 모든 것에 상가 임대료가 포함되어 있어. 세입자가 땀 흘려 일한 대가가 땀 한 방울 흘리지 않은 건물주에게 가는 거야. 경제학의 아버지로 불리는 애덤 스미스는 《국부론》에서 "어떤 나라의 땅이 모두 사유재산이 되는 순간, 지주들은 (다른 모든 사람들처럼) 결코 씨를 뿌린 적 없는 곳에서 수확하기를 좋아하고 자연이 만든 생산물에서도 지대를 요구한다."라고 꼬집었어.

젠트리피케이션이 한국만의 특수한 현상은 아니야. 특정 나라나 지역에 국한되는 문제가 아니라 전 세계적으로 벌어지는 문제지. 세계를 지배하는 자본주의 시장경제 아래서 많은 도시가 비슷한 어려움을 겪고 있어. 지리학자 데이비드 하비는 《반란의 도시》에서 도시의 문화 공유재는 "노동의 산물임과 동시에 미래를 생산하는 수단"이라며 이러한 "공유재는 오랜 시간을 거치면서 구축된 것으로, 원칙적으로 누구에게나 개방되어야 한다."고 주장했지.

실제로 지역 사회가 도시의 문화 공유재를 사들인 사례가 있어. 영국 런던 남부의 넌헤드 지역에 '아이비 하우스'라는 술집이 있지. 지역에서 유래가 깊은 술집이야. 그런데 개발 바람에 편승해 부동산 개발업자가 건물주에게서 건물을 사들였어. 지역의 명소가 사라질 위기에 처하자 주민들이 발 벗고 나섰지. 해당 술집이 '지역 공동체 가치 자산'으로 등록되도록 했어. 그렇게 되면 지역 주민 등이 민간의 자산을 인수해서 운영할 수 있는 권한을 얻게 되지. 주민들은 모금 등 다양한 노력을 기울인 끝에 술집을 사들여 보존했어.

시인 김사인은 〈지상의 방 한 칸〉이라는 시에서 "초라한 몸 가릴 방 한 칸이 망망천지에 없단 말이냐"라고 썼어. 세상에 자기 몸 하나 누일 공간이 없다는 건 절망적이지. 빈센트 반 고흐의 대표작 중 하나인 〈침실〉은 처음으로 '자기 집'을 갖게 된 감격에 그린 그림이라고 해. 고흐는 37세 때 죽었는데, 공교롭게도 살아생전에 37번이나 이사를 했거든. 자기 집을 갖는다는 건 이리저리 떠도는 삶이 뿌리 내릴 '자리'를 찾았다는 의미일 거야.

사진 4-1 반 고흐, 〈침실〉(1888). (출처: 위키미디어 커먼즈)

영화 〈기생충〉(2019)은 냄새로 계층 문제에 접근했어. 주인공들은 퀴퀴한 냄새가 나는 반지하에서 살지. 반지하의 삶은 어떨까? 낮에도 햇볕이 들지 않아 집 안은 어둑하지. 벽에는 곰팡이가 슬었고 눅눅한 곰팡냄새가 코를 찌르지. 그래도 지나가는 사람이 창밖에서 들여다볼까 싶어 창문조차 마음대로 열지 못해. 서울시가 국토부와 함께 서울 시민 1만 6000가구를 대상으로 실시한 주거 조사에 따르면, 전체 가구 중 7.1퍼센트가 반지하에 거주하고 있지.

'지옥고'라는 말이 있어. 반지하·옥탑방·고시원을 합친 말로, 가파르게 치솟는 집값과 부담스러운 월세에 치여 주거 빈곤에 시달리는 청년들의 현실을 꼬집는 신조어야. 반지하·

옥탑방·고시원 등은 한국의 열악한 주거 환경을 대표하지. 〈2019년도 주거 실태 조사〉에 따르면 주택 이외의 거처에 사는 청년 가구는 13.1퍼센트에 달했어. 아파트, 단독 주택, 연립 주택, 다세대 주택 등이 주택에 포함되고, 쪽방, 고시원, 판잣집, 비닐하우스 등은 주택 이외의 거처로 분류하지.

주거 빈곤은 인간이 기본적으로 누려야 할 '최저의 주거 기준'을 충족하지 못하는 상태를 가리켜. 적절한 주거비 부담으로(affordable housing), 적절한 주거 생활(decent housing)을 할 수 없는 상태를 주거 빈곤으로 정의하지. 정의에서 보는 바와 같이 과도한 주거비 부담과 열악한 주거 환경이 포함돼. 두 가지 경우 중 하나 이상 해당할 경우 주거 빈곤으로 간주하지. 소득 대비 주거비가 30퍼센트가 넘으면 주거비 과부담에 해당돼. 또, 부엌, 화장실, 목욕 시설 중 하나라도 단독 사용이 아니라 공동 사용이면 열악한 주거 환경으로 분류되지.

주거 빈곤은 열악한 주거 환경과 과도한 주거비 부담 등에 장기간 방치되어 인간다운 삶이 위협받는 상태야. 2015년 기준으로, 청년 1인 가구 전국 주거 빈곤율은 22.6퍼센트였어. 서울은 더 심각한 상황이야. 무려 37.2퍼센트에 달했거든. 서울의 1인 청년 가구 주거 빈곤율은 2000년 31.2퍼센트에서 2005년 34.0퍼센트, 2010년 36.3퍼센트, 2015년 37.2퍼센트로 꾸준히 증가하고 있어. 주거 빈곤은 안정적인 사회생활을 가로막지. 안정적인 사회생활이 가능하려면 휴식과 재충전이 뒷받침되어야 하는데, 주거 빈곤은 휴식과 재충전을 어렵게 하거든.

앞에서 살펴봤던 PIR 기억하지? 보통의 서울 시민이 서울에서 집을 사려면 12년 동안 월급을 모아야 하고, 강남 3구의 경우에는 20년 동안 모아야 한다고 했지? 월급을 한 푼도 쓰지 않고 말이야. 이런 상황에서 내 집 마련이 가능할까? 부모의 도움이 없다면 불가능하지. 집을 장만하는 나이는 평균 42.8세야. 최근 4년 내 평균이 그래. 말이 내 집이지, 실상은 거의 절반이 은행 거야. 〈2019년도 주거 실태 조사〉에 따르면 집값의 38.1퍼센트가 대출이었거든.

2020년 기준, 4인 가구 중위 소득▲이 대략 5800만 원이고 서울 아파트의 중위 가격은 9억 5000만 원이야. 주택 가격의 70퍼센트 정도를 주택 담보 대출로 충당한다고 가정하면 대략 6억 5000만 원을 대출받아야 해. 원금을 10년 뒤에 갚는다 해도 매월 부담하는 이자만 소득의 30퍼센트에 달하지. 원금이 아니라 이자만 갚는데 그래. 부모가 여유가 돼서 매매 자금이든 전세금이든 일부라도 마련해 주면 모를까, 그렇지 않으면 월세살이를 면하기 어렵지.

서울시의 1인 가구 실태 조사에 따르면 2017년 기준으로 서울에 사는 1인 가구의 77.3퍼센트는 전월세·고시원·원룸 등에 거주했어. 1인 가구 중 월세 거주자는 51.4퍼센트에 달했지. 청년층만 떼어 놓고 보면 무려 63퍼센트가 월세로 살고 있었어. 문제는 이것이 악순환의 고리가 된다는 거야. 월세를 살면 목돈을 모으기 어렵고, 계속 월세를 전전하게 되지.

앞에서 살펴본 것처럼 공간은 생존과 생활에 필수적이야. 아무리 열심히 일해도 집 한 채 마련할 수 없다면 결혼할 엄두를 내기 어렵겠지. 결혼해서 맞벌이를 하더라도 집이 없으면 아이를 가질 엄두를 내기 어려워. 안정적인 보금자리가 없는 상태에서 아이를 낳아 키우는 일은 모험에 가깝거든. 연애, 결혼, 출산 등 뿌리내림의 과정은 모두 안정적인 거처를 필요로 해. 무주택자는 존재를 뿌리내리기 어렵지. 집이 없어도 연애는 가능하지만, 집이 없으면 결혼도 출산도 어려워.

소득 수준과 자가 소유 여부 등이 출산 가능성, 자녀의 수

▲ 평균값과 중위값(중간값)을 구분할 필요가 있어. 평균값은 전체의 평균을 가리키고, 중위값은 집단의 정중앙에 위치한 값을 가리키지. 가령 0, 1, 4, 45, 100으로 이루어진 집단의 평균값은 30이지만, 중위값은 한가운데에 위치한 4가 되지. 중위값을 이용하는 이유는 평균값의 한계 때문이야. 소득이 없는 사람, 100만 원인 사람, 400만 원인 사람, 4500만 원인 사람, 1억 원인 사람, 이렇게 다섯 명으로 이루어진 '5인국'이 있다고 해 봐. 한 명은 소득이 없고 다른 한 명은 100만 원밖에 못 벌지만, 이 나라의 평균 소득은 3000만 원이나 되지. 평균값은 이 나라 사람들이 모두 3000만 원 내외를 버는 듯한 착각을 불러일으켜. 평균값이 가진 이런 맹점 때문에 중간값을 이용하는 거야. 중위 소득은 전체를 소득순으로 쭉 줄 세운 후에 한가운데에 있는 사람의 소득을 가리키지.

사진 4-1 홍콩의 익청빌딩.
다닥다닥 붙은 집의 모습은 집값이 비싼 홍콩에서의 삶이 각박하다는 걸 느끼게 해 준다.
(출처: unsplash.com)

등에 영향을 미치지. 한국경제연구원의 〈주거 유형이 결혼과 출산에 미치는 영향〉이라는 보고서에 따르면, 유주택자와 비교해서 전월세 거주자의 결혼 가능성과 출산 가능성이 떨어진다고 해. 전세 거주자의 결혼 확률은 자가 거주자 대비 23.4퍼센트 떨어지는 것으로 조사됐고, 월세 거주자는 65.1퍼센트 감소하는 것으로 조사됐지. 또, 전세 거주 시 첫째 자녀 출산 가능성이 자가와 비교해 28.9퍼센트 감소하는 것으로 나타났으며, 월세는 그 가능성이 55.7퍼센트나 줄어드는 것으로 나타났어.

출산율은 매년 떨어지고 있지. 특히 서울의 상황이 심각해. 서울을 중심으로 한 수도권의 면적은 국토의 12퍼센트에 불과하지만, 전체 인구의 절반이 수도권에 모여 살아. 서울은 다른 곳보다 젊은 연령층도 많이 살고 있어. 또, 서울은 전국 최고의 문화적·사회적 인프라와 각종 자원을 가지고 있고, 울산에 이어 두 번째로 높은 가구 평균 소득을 자랑하지. 그러나 서울의 출산율은 전국 평균보다 현저히 낮아. 2019년 기준 서울의 출산율은 0.72명으로 전국 평균의 78퍼센트 수준에 불과해. 낮은 출산율은 지나치게 높은 집값 탓이야.

부동산 가격 폭등은 출산율 감소를 부추기고 인구 감소를 가져올지 몰라. 인구가 감소하면 부동산 수요는 줄어들고 가격은 곤두박질치겠지. 문제는 그뿐이 아니야. 부동산 가격 폭등은 저소득층에게 치명적이지. 월세가 치솟으면 소득 대비 임대료 부담이 커지거든. 이는 저소득 가구의 빈곤을 더욱 부채질해. 반면 은퇴자와 고령층 위주인 다주택 보유자들은 생활 안정을 위해 월세를 올리려 하지. 부동산이 계급 갈등, 세대 갈등의 뇌관으로 작용하는 거야.

사회학자 오찬호는 "좋은 사회란 평범하게 살아도 인간다움이 보장되는 사회"라고 말했어. 우리 사회는 어떨까? 평범하게 사는 사람들은 자기 집 하나 마련하기 어렵지. 부모의 도움을 받거나 평균 이상의 수입을 벌지 못한다면, 서울에서 집을 사는 건 불가능한 일이 되어 버렸어. 물려받은 재산, 높은 연봉 등이 뒷받침되지 않으면 '인간다운 삶'은 꿈꾸기 어렵지. 결국 결혼하지 않는 것, 결혼하더라도 애를 낳지 않는 것이 합리적인 선택으로 여겨지고 있어.

《이상한 나라의 앨리스》를 쓴 루이스 캐럴 작품 중에는 《거울 나라의 앨리스》도 있어. 그 책에 나오는 붉은 여왕이 앨리스에게 이렇게 말하지. "이 나라에서는 같은 장소에 머물러 있으려면 있는 힘껏 달려야 해!" 숨 가쁘게 달리지만 늘 제자리인 것만 같지. 부동산을 가진 이들은 가만히 앉아 있는데도 멀찍이 앞서 나가는데, 그렇지 못한 이들은 아무리 힘껏 달려도 늘 그 자리야. 집을 사려고 하면 집값은 더 앞서 있고 돈을 조금 더 모아서 사려고 하면 더 앞서 있고….

〈사람에게는 얼마만큼의 땅이 필요한가〉라는 짧은 소설이 있어. 토지 문제에 큰 관심을 기울였던 러시아 소설가 레프 톨스토이가 쓴 소설이야. 소설의 주인공은 성실한 농부 파홈이지. 파홈은 다른 것에는 욕심이 없었는데 땅에 대한 욕심은 남달랐어. 어느 날 파홈은 아침에 출발해서 저녁에 돌아오면 걸어간 거리만큼의 땅을 주겠다는 제안을 받았지. 파홈은 죽을힘을 다해 걷다가 진짜로 지쳐 죽었어. 땅에 욕심을 부리다 소중한 생명까지 잃은 셈이지. 결국 그가 얻은 건 그의 키를 조금 넘는 2미터의 묻힐 땅이 전부였어. 죽고 나서 보니 필요한 땅은 딱 그만큼이었던 거야.

우리 주변에도 남보다 더 많이 가지려는 욕심으로 부동산

▲ 여기서 다룰 해결책은 세입자 권리에 초점을 맞췄어. 청년층 주거 빈곤과 관련된 임대 주택·사회주택 등 주거 문제의 포괄적 해결책은 마지막 장에서 다룰 거야.

사진 4-3 리야 레핀, 〈맨발의 레프 톨스토이〉(1901). (출처: 위키미디어 커먼즈)

을 긁어모으는 현대판 파홈들이 수두룩하지. 탐욕은 개인만 파괴하는 게 아니라 공동체도 파괴해. 소유권이 정주권보다, 개발 이슈가 녹지와 생태 보호보다 더 힘을 발휘하는 세상이지. 건물주들이 임대료를 일정 수준 이상 올리지 않기로 합의하면 더없이 좋겠지만, 현실적으로 쉽지 않은 일이야.

2018년 6월에 일어난 '궁중족발 사건'에 대해서 들어 봤어? 서울 서촌에 '본가궁중족발'이란 족발집이 있었는데, 월세 300만 원이던 상가의 주인이 바뀌자 월세를 기존의 네 배가 넘는 1200만 원을 요구했어. 임차인 입장에서는 감당하기 어려운 요구였지. 결국 대책 없이 쫓겨나게 된 임차인이 건물주에게 도끼를 휘둘렀어. 다행히 사람이 죽진 않았지만, 뉴스에 크게 보도됐지. 젠트리피케이션이 극심해질수록 이런 일들이 빈번해질지 몰라. 더 끔찍한 일들이 벌어질 수도 있어. 이런 일이 되풀이되지 않으려면 어떻게 해야 할까?

한국에선 건물주가 갑이야. 그것도 보통 갑이 아니라 '슈퍼갑'이지. 지금까지 건물주의 재산권은 당연하게 생각해도 세입자의 권리는 대수롭지 않게 여겨 왔어. 건물주가 마음대로 임대료를 올리고 세입자에게 나가라고 하면 나가야 했지. 서울의 경우 상가 임대차 평균 기간이 1.7년에 불과해. 임대차 기간이 짧은 이유는 치솟는 임대료 탓이야. 해결책은 제도에서부터 찾아야지. 법이 자영업자와 건물주 사이에 '힘의 균형'을 맞춰야 해. 임대차보호법처럼 제도적 해결책이 무엇보다 중요하지. 젠트리피케이션을 막을 순 없어도 늦출 순 있어.

세입자(임차인)를 보호하는 법을 '임대차보호법'이라고 불러. 세입자는 상가 세입자와 주택 세입자 두 부류로 나눌 수 있는데, 상가 세입자는 상가임대차보호법의 보호를 받고 주택 세입자는 주택임대차보호법의 보호를 받지. 상가를 예로 들자면, 세입자는 건물주와 상가를 임대한다는 임대차 계약을 맺어. 임대차 계약이 종료되면 세입자는 건물주에게 상가를 돌려주지. 세입자가 영업을 계속하고 싶으면 건물주와 재계약을 해야 해.

2018년에야 상가임대차보호법이 개정됐어. 계약갱신청구권이 생겨서 5년 단위로 계약을 하고, 계약 갱신을 청구하면 10년까지 상가 사용을 보장받지. 이전까지 최장 5년 보장이었던 것이 최장 10년으로 연장된 거야. 또, 임대료 상승은 연 5퍼센트 이내로 제한했지. 건물주의 횡포에 쫓겨나는 자영업자들이 늘어나면서 그들의 생존권을 보장해야 한다는 사회적 요구가 꾸준히 제기됐기에 법 개정이 가능했어. 법 개정은 건물주의 재산권을 침해할 목적이 아니라 자영업자의 생존권을 보호할 목적으로 이뤄졌지.

주택임대차보호법은 상가임대차보호법보다 조금 늦게 개정됐어. 2020년 7월에서야 '2년+2년'의 임대차 기간과 임대료 상한제가 시행됐어. 이전까지 2년 보장이었는데 4년 보장으로 늘어난 거야. 상가임대차보호법과 비슷하게 임대료 상승폭을 직전 계약 임대료의 5퍼센트 내외로 정했지. 상가임대차보호법과 다른 점은 5퍼센트 '이내'가 아니라 '내외'라는 점이야. 이런 변화를 이끌어 내는 데 장장 31년이 걸렸어.▲

그런데 이런 변화에 대해 언론의 반응은 대단히 편향적이었어. 임대인과 공인중개사 등의 입을 빌려 "임대인 역차별", "전월세 무한 연장법", "임대 시장 붕괴 초래", "슈퍼 여당의 황당 법안", "조물주 위의 건물주, 건물주 위의 세입자", "공산주의 사회에서나 볼 수 있는 재산권 침해" 등이라고 비난을

▲ 1981년에 제정된 주택임대차보호법의 주요 내용은 임대차 계약 기간을 명시하는 거였어. 기존에는 관행상 6개월 단위의 계약을 맺었지만, 기간이 너무 짧다 보니까 세입자의 주거가 불안정했지. 그래서 계약 기간을 1년으로 못박았어. 그럼에도 주거 불안이 계속되자 1989년에 계약 기간을 2년으로 늘렸지. 이후 30년 넘게 유지되다 2020년에서야 바뀐 거야.

쏟아냈거든. 언론이 정부 정책을 비판할 수 있지만, 가진 자를 일방적으로 대변하는 건 문제가 있지. 강자와 약자 사이에 최소한의 균형도 잡지 못한 보도 태도였어. 기계적 중립도 공정한 건 아니겠지만, 기계적 중립마저도 찾아볼 수 없었지.

갱신청구권과 임대료 인상률 상한제 등은 유엔에서 권고하고, 해외 선진국에서 오랫동안 시행해 온 제도야. 임대료 상한제도는 프랑스 등 선진국에는 이미 있었던 제도야. 프랑스의 임대료 상한제도의 역사는 제1차 세계대전으로 거슬러 올라가지. 제1차 세계대전 당시 인플레이션(통화량이 늘어나서 화폐 가치가 떨어지고 물가가 올라가는 현상)과 함께 임대료가 급격히

상승했어. 프랑스 정부는 비상 사태에 따라 임시방편으로 임대료를 통제했지. 이때 시행된 임대료 통제가 여전히 명맥을 유지하고 있어.

주택임대차 기간이 4년으로 늘어났지만, 이는 선진국들과 비교하면 여전히 부족한 수준이야. 독일, 영국, 일본, 프랑스 등에서는 '정당한 사유'가 없으면 건물주가 재계약을 거절하지 못하도록 법으로 못박고 있지. 즉, 건물주가 세입자를 함부로 내쫓을 수 없어. 가령 독일에서는 계약 기간을 별도로 정하지 않는 임대차가 원칙이야. 대부분 10년 이상씩을 기본으로 살지. 임대인이 계약을 해지하려면 정당한 사유를 입증

해야 해. 이때에도 이의를 제기할 수 있는 권리가 세입자에게 부여되지.

프랑스에서는 건물주가 임대차 계약의 갱신 요구를 거절하는 경우에 영업 소유권 침해에 따른 배상을 강제하고 있어. 쉽게 말해 세입자에게 퇴거를 요구하려면 그에 따른 배상을 해야 한다는 거야. 게다가 프랑스에서는 임대차 계약 기간을 9년 이하로 할 수 없도록 장기 계약을 보장하고 있어. 다만 3년 주기의 계약 기간 만료일을 정해 놓고 임차인만 계약을 해지할 수 있도록 하고 있지. 세입자를 보호하는 법과 제도에는 상가든 주택이든 사람이 건물보다 먼저라는 원칙이 담겨 있어. "집(건물)은 그저 집(건물)일 뿐이다." 애니메이션 〈업〉에 나오는 대사야.

독일, 영국, 일본, 프랑스 등의 선진국에서는 한국과 정반대로 세입자가 '슈퍼 갑'이야. 이들 나라에서는 상대적으로 약자인 세입자의 편에서 계약 기간, 계약 갱신, 임대료 인상 등에 대한 법률과 제도를 잘 정비해 놓았어. 갑을 관계에서 갑이 우월적 지위를 이용해 언제든 을을 쥐어짜거나 착취할 수 있기 때문이지. 이것은 시대와 지역을 초월한 만고불변의 진리야. 이들 선진국의 임대차 관련 법률은 이런 문제점을 정확히 꿰뚫고 있어. 그래서 부동산을 소유자의 소유권보다 임차인의 영업권(사용권)·주거권의 관점에서 접근하는 거야.

자기 집을 차지한 이민자들을 겨울 동안엔 강제로 쫓아내지 못하는 내용이 나온 〈쓰리데이즈 투 킬〉의 배경은 프랑스야. 프랑스의 '영업 소유권'에 대해서 들어 본 적 있어? 프랑스에서는 세입자의 영업권도 일종의 소유권으로 인정하지. 세입자가 영업을 통해 고객망 구축 등 무형의 경영 재산을 소유한다고 보는 거야. 그래서 등장한 말이 '영업 소유권(la propriété commerciale)'이지. 우리나라에선 매우 낯선 개념이야. 건물주나 상가 주인이 아니라 세입자에게 '소유권'이 있다는 건 한국에선 상상하기 어렵지.

'유엔 해비타트'라는 게 있어. 지속가능한 도시 발전을 논의하고 실행하는 유엔 산하의 국제기구야. 20년마다 새로운 의제를 합의하고 향후 20년을 설계하지. 1976년, 1996년, 2016년 세 번의 합의가 있었어. 2016년 합의된 내용은 '모두를 위한 도시(Cities for All)'였어. '모두를 위한 도시'란 구성원 모두에게 적정하고 동등한 기회와 권리를 부여하는 도시야. 공공재로서 도시 공간을 향유하고 도시에 대한 권리를 보장하는 거지. 가진 자, 있는 자만이 살기 좋은 도시가 아니라 자원 배분에서 공간 정의가 실현되는 도시여야 해.

5장
토지를
바라보는
두 가지 관점

“자신이 노력한 것
이상으로 소유한 사람과,
자신이 소유한 것
이상으로 노력한 사람들 간의 갈등이,
국가의 진보에 중대한 문제이다.”
-시어도어 루즈벨트-

토지는 개인의 것 - 사유재산

'공유지의 비극'에 대해서 들어 봤어? 공동체 모두가 사용하는 공유 자원은 소유권이 없으므로 과잉 소비되고 고갈된다는 게 '공유지의 비극'이지. 생물학자 가렛 하딘이 1968년 《사이언스》에 발표한 논문에서 처음 언급한 개념이야. 사유재산제는 자원의 효율적 이용을 위한 더없이 좋은 방법이지.▲ 이것이 사유재산제가 강력한 지지를 받는 이유 중 하나야. 사유재산제는 인간의 욕망에 잘 부합하는 제도야. 사유재산제를 비판하는 시각이 역사적으로 있었지만, 큰 호응을 얻지 못한 것도 그 때문이지.

아프리카 코끼리는 멸종 위기종이야. 1979년에 케냐에는 6만 5000마리의 코끼리가 있었고, 짐바브웨에는 3만 마리의 코끼리가 있었어. 그런데 케냐와 짐바브웨는 코끼리를 보호

▲ 정반대의 관점도 있어. 바로 '공유지의 희극'이지. 공유로 인한 비극이 아니라 공유로 인한 희극에 주목한 관점이야. 미국 노스웨스턴대학의 법학 교수 캐럴 로즈는 〈공유지의 희극〉(1986)이란 논문에서 경제학자들이 오랫동안 당연하게 여겨 온, 개인이 사익만을 추구한다는 생각에 의문을 제기했어. 이러한 비판의 연장선상에서 엘리너 오스트롬은 전 세계에서 모범적으로 운영되는 공유지의 사례들을 수집하고 연구했지. 그녀의 기념비적 저서 《공유의 비극을 넘어》는 지금까지 주류 경제학이 주목하지 않았던, 1000년에 걸친 공유의 역사를 복원했어. 그 공로로 오스트롬은 2009년 노벨경제학상을 수상했지.

하기 위해 대조적인 방법을 취했지. 케냐 정부는 상아 거래를 금지했고, 짐바브웨 정부는 밀렵 단속에 힘쓰기보다 주민들에게 코끼리 소유권을 주고 관리하게 했어.

케냐 정부는 사냥과 상아 거래를 전면 금지했지만, 코끼리 수는 1989년에 1만 9000마리로 급감했지. 상아 거래를 금지하자 상아 가격이 폭등했고, 그 결과 상아를 노린 밀렵이 성행했거든. 금지의 역설이지. 반면 주민들에게 코끼리를 소유하게 한 짐바브웨는 상황이 완전히 달라졌어. 짐바브웨의 코끼리 개체 수는 1989년에 4만 3000마리로 늘었고, 2014년에는 30만 마리에 이르렀어.

인간의 욕망에 잘 부합한다는 점과 함께 이런 이점 덕분에 사유재산제는 널리 퍼지게 됐어. 사유재산제는 거의 모든 것을 대상으로 삼지. 토지도 예외가 아니야. 토지가 사유재산의 대상이듯이 토지 역시 다른 재화와 마찬가지로 취급되는 경향이 있어. 사유재산을 강조하는 이들은 다음과 같은 헌법 조항에 주목하지. "국민의 모든 자유와 권리는 국가안전보장·질서유지 또는 공공복리를 위하여 필요한 경우에 한하여 법률로써 제한할 수 있으며, 제한하는 경우에도 자유와 권리의 본질적인 내용을 침해할 수 없다."(헌법 제37조)

헌법 조항과 같이 공공복리 등을 위해 기본권을 법률로 제한할 수 있지만 이 경우에도 자유와 권리의 본질적 내용은 침해할 수 없다는 과잉 금지 원칙을 못 박고 있어. 구체적으로 무엇이 과잉 금지 원칙일까? 국민 기본권을 제한하려면 목적의 정당성, 방법의 적정성, 피해의 최소성, 법익의 균형성이라는 요건을 지켜야 하지. 부동산을 사유재산으로서 확고하게 생각하는 이들은 부동산에 대한 규제와 과세 등이 이런 요건에 충실히 부합해야 한다고 생각해.

부동산을 사유재산으로 강하게 주장하는 이들은 대체로 시장주의자라고 볼 수 있어. 시장주의자는 규제를 악으로 보지. 그들은 규제가 개인의 자유, 재산의 자유로운 소유 및 처분에 관한 자유를 침해한다고, 나아가 자원의 효율적 이용을 방해한다고 봐. 따라서 정부가 개입할 게 아니라 시장에 맡겨야 한다고 주장하지. 시장의 자기 조절 기능을 절대적으로 신봉하는 거야. 만장일치로 합의되지 않은 '공익'은 공익으로 인정하지 않아. 그래서 토지공개념 같은 것에도 인색하지.

효율성을 중시하는 시장주의자라고 해서 형평성을 무시하는 건 아니야. 다만 형평에 대한 관점이 달라. 시장주의자는 시장이 매우 공평한 제도라고 생각하지. 쉽게 말해, 돈은 차별하지 않는다는 거야. 빵집에서 빵을 팔 때 손님이 돈이 많든 적든 차별하지 않잖아. 빵을 살 수 있느냐가 중요할 뿐이야. 노력한 사람에게 정당한 대우가 돌아가고, 시장 참여자들이 합리성을 가지고 재화와 서비스를 소비한다고 여기지. 시장이 능력 있는 사람에게 능력에 맞는 대우를 해 준다는 거야.

앞에서 우리는 토지의 특성으로 공급 고정성에 대해서 살펴봤어. 시장주의자들은 토지의 공급 고정성을 다르게 이해하지. 대한민국의 국토 면적은 9만 9500㎢로 분명 고정되어 있어. 그런데 관점을 바꾸면 공급은 고정되어 있지 않다는 거야. 무슨 말이냐고? 돈이 없어서 땅을 사지 못하는 일은 있어도, 땅이 없어서 사지 못하는 일은 없다는 거지. 돈만 있으면 언제든 땅을 살 수 있다는 점에서 공급 고정성을 다르게 봐야 한다는 거야. 결국 수요가 있으면 공급은 어떻게든 따라온다고 보지.

우리가 보통 부족하다고 얘기하는 땅은 집을 짓거나 공장을 지을 땅이야. 우리는 농사지을 땅이 없어서 또는 산림이 부족해서 걱정이라는 말은 안 해. 수도권에 대규모 주거 단지를 만들 땅이 부족하다거나 공장을 지을 땅이 부족하다는 말을 흔히 하지. 문제가 되는 것은 시장에서 거래되는 생활 용지야. 국토 면적이 얼마인가 하는 것은 전혀 중요하지 않지. 시장에서 거래되는 생활 용지가 얼마나 있는지가 중요해. 시장주의자들은 생활 용지는 산림 및 농경지의 용도 전환으로

공급할 수 있으므로 공급량을 조정할 수 있다고 보지.

만약 규제를 풀어서 농경지를 자유롭게 전용할 수 있다면 공장 용지 등을 무한정 늘릴 수 있을까? 국토교통부의 〈2020년 지적통계연보〉에 따르면, 산림 및 농경지(임야·전·답·과수원)는 8만 2990㎢, 생활 용지(대지·창고 용지·공장 용지)는 4690

㎢였어. 시장주의자들은 토지 자체는 천부적 자원이지만, 생활 용지의 공급은 하늘이 아니라 우리가 결정하는 문제라고 보지. 따라서 부동산 투기로 인한 부동산 가격 상승에 대해서 시장주의가 내놓는 해답은 늘 한결같아. 부동산 공급을 늘리면 된다는 거야.

시장주의자들은 부동산 소득이 불로소득인가 하는 문제에 대해서도 다른 관점을 보여 주지. 불로소득은 말 그대로 아무런 노력도 하지 않고 벌어들인 돈이야. 그런데 부동산 소유자가 아무런 노력도 하지 않았다는 건 말이 안 된다는 거지. 우선 부동산을 구입할 때 들어간 돈은 구매자가 열심히 일해서 벌었겠지. 설사 부모 등이 물려준 돈이라 해도 법이 정한 상속세를 다 냈다면 문제 될 건 없고. 정당하게 상속세를 냈다는 전제에서 상속 재산이라고 해서 다른 재산(노력 재산)과 달리 취급받아야 할 이유는 없다는 거지.

2021년부터는 1년 미만으로 보유한 주택을 팔 경우에 70퍼센트의 양도소득세를 내야 해. 대표적인 불로소득은 복권 당첨금이겠지. 로또 당첨금의 세율은 33퍼센트야. 시장주의자들은 여기에 항변하지. 시장주의자들은 "양도소득세를 로또 당첨금보다 높은 70퍼센트나 부과하는 게 정당할까? 물려받은 돈이든 일해서 번 돈이든 자기가 투자하고 싶은 곳에 투자하는 게 죄는 아니잖아? 자기 돈을 은행에 맡겨 이자를 받거나 주식 등에 투자해서 수익을 얻는 것은 불로소득이 아니고, 부동산에 투자하는 것만 불로소득이라고 할 수 있을까?" 라고 묻지.

많은 사람들이 점점 더 시장주의적 관점에서 부동산을 바라보고 있어. 그래서 '투기'라는 말도 자취를 감춰 버렸지. 어디까지 건전한 투자이고 어디서부터 불건전한 투기인지 명확히 나누기 어려워졌거든. 1가구 1주택은 투자고, 2주택이 넘어가면 투기일까? 고가 주택의 경우에는 1가구 1주택자도 투기적 요소가 있을 수 있지. 고가 주택이 아닌 실거주 1주택 안에도 시세 차익에 대한 욕망은 숨어 있을 수 있어. 누가 투기꾼이고 누가 실수요자인지 구분하기 어려운 세상이야. 같은 실수요자라도 집값이 떨어질 때는 굳이 집을 사지 않을 테고, 집값이 오를 때는 어떻게든 집을 사려고 하겠지.

토지에 특별한 의미를 부여하는 이들은 토지가 공공재라고 주장하지. 시장주의자들은 토지가 공공재라는 것에 동의하지 않아. 공공재는 비배제성, 비경합성을 갖는 재화야. 비배제성은 쉽게 말해, 일단 생산되면 누구나 이용할 수 있다는 뜻이야. 배제하지 않는다는 거지. 비경합성은 한 사람이 많이 소비하더라도 그만큼 다른 사람이 소비할 양이 줄어들지 않는 거야. 예를 들어 정부가 어떤 공식 통계를 내놓으면 누구나 그 통계를 이용할 수 있어. 어떤 사람이 이용한다고 해서 다른 사람이 이용 못 하는 일도 없고(비배제성), 어떤 사람이 많이 이용한다고 해서 다른 사람이 이용할 수 있는 양이 줄어드는 일도 없지(비경합성).

도로·가로등 같은 사회 간접 자본, 치안·국방 등의 공공 서비스도 이 같은 성격을 갖는 공공재야. 그렇다면 부동산은 어떨까? 모두가 똑같이 토지를 이용할 수 있다면 토지도 공공재라 할 수 있겠지. 공원, 광장 등은 누구나 이용할 수 있으니 공공재라고 말할 수 있지. 그런데 사유지는 그렇지 않잖아. 우리 집에 아무나 드나들 순 없겠지(배제성). 또한, 누군가 소유하는 토지가 많으면 다른 사람이 소유할 수 있는 토지의 양은 줄어들 거야(경합성).

따라서 토지는 공공재일 수 없다는 게 시장주의자들의 변함없는 입장이지. 법률로 소유권을 보장하는 시장경제 체제에서 개인 소유의 부동산은 공공재가 될 수 없다는 입장이야. 그들은 만약 주택을 포함한 부동산이 공공재라면 내 집이 네 집이고, 네 집이 내 집이 되는 기막힌 상황이 벌어질 거라고 우려해. 부동산이 공공재인 사회는 사적 소유권이 인정되지 않는 사회주의 체제와 다르지 않다면서 말이야.

토지는 공공의 것 - 공유 자산

"현재 붕괴가 진행되고 있는 것 같습니다." 수화기 너머로 다급한 목소리가 소리쳤어. 1995년 6월 29일 오후 5시 40분, 백화점 시설 부장이 경영진에 긴급 보고를 올리자마자 경영진들은 백화점 밖으로 신속히 빠져나왔지. 하지만 대피한 건 그들뿐이었어. 백화점 안에 있던 손님과 직원 1500여 명은 피할 새도 없이 화를 당했지. 잠시 뒤인 5시 57분 백화점이 와르르 무너져내렸어. 502명이 사망하고 937명이 다친 삼풍백화점 붕괴 사고야.

삼풍백화점이 무너지기 1년 전인 1994년에는 성수대교가 내려앉았어. 32명의 사망자가 발생했지. 그 전에는 1970년 오전 6시 30분, 잠든 사람들 위로 와우아파트가 무너졌어. 34명이 사망하고 40명이 크게 다쳤지. 와우아파트는 준공 4개월 만에 붕괴됐어. 세 사고의 공통점은 부정부패가 원인이었다는 점이야. 〈2019년도 부패 인식도 조사〉에 따르면, 행정 분야별 부패 수준에서 '건축, 건설, 주택, 토지' 분야를 전문가들은 가장 부패한 분야로, 일반 국민·기업인·공무원 등은 두 번째로 부패한 분야로 뽑았어.

실제로 부정부패 중 건설 비리, 인허가 관련 비리의 비율이 높은 편이야. 건축 사업이 이권(利權)과 깊이 관련되고 사업 규모가 큰 탓이야. 한편으로 규제가 많고 깐깐한 것도 이유일 테지. 토지는 그 어떤 분야보다 규제가 많아. 건축 허가는 까다롭고 엄격하지. 자유 시장 경제에서 개발이나 사업과 관련된 규제가 토지만큼 까다로운 분야도 없을 거야. 건축 관련 규제가 엄격한 이유가 뭘까? 이웃, 지역, 환경 등에 미치는 영향이 크기 때문이지. 바로 토지의 공공적 성격이야.

사유지는 개인 소유의 땅이지만 그 활용은 인접 토지, 주변 지역, 더 나아가 도시 전체에 영향을 미칠 수 있어. 토지의 특수성을 다룰 때 살펴본 외부 효과야. 개인이 자기가 소유한 땅에 어떤 건축물을 얼마나 크게 짓느냐에 따라 인접 지역에 그림자를 드리울 수 있고, 소음 및 각종 환경 문제를 유발할 수도 있어. 또, 주차난·교통 혼잡 등의 교통 문제를 일으킬 수 있고, 도로·전기·상하수도 등의 기반 시설에 부담을 줄 수도 있지. 개인이 그 어떤 제한도 받지 않고 무한정 자유롭게 토지를 활용한다면 어떻게 될까? 건축물은 건축주의 욕망을 최대한 반영해서 지어질 거야. 동네와 도시의 모습은 끔찍하게 변할지도 몰라.

이처럼 토지 이용은 토지를 둘러싼 모두에게 영향을 미치

사진 5-1 파리 시내 전경. 개선문 주위로 건물들이 즐비하다. 특이하게도 수직으로 쭉 뻗은 건물이 하나도 없이 건물의 키가 나란하다. '수평 도시'는 까다로운 규제 덕분에 가능하다. (출처: unsplash.com)

는 공공적 성격을 지니고 있기 때문에 국가는 도시 계획 등을 통해 개별 토지의 이용을 제한하지. 건축물의 높이, 용적률(땅 면적 대비 지상층 면적의 합계 비율), 건폐율(땅 면적 대비 건물 바닥의 면적 비율), 건축물 용도, 주차장 규모, 특별한 경우엔 심지어 건축물의 형태나 색깔까지도 규제할 수 있어(《누구를 위한 높이인가》 참고). 이러한 공적 규제가 가능한 이유는 바로 토지가 지니는 공공적 성격 때문이야.

그래서 우리나라 헌법 제122조는 "국가는 국토의 효율적이고 균형있는 이용·개발과 보전을 위하여 법률이 정하는 바에 의하여 필요한 제한과 의무를 과할 수 있다."라고 명시하지. 또, 재산권의 활용이 공공복리에 적합해야 한다는 규정을 두고 있으며(제23조 제2항), 공공필요에 의한 재산권의 수용, 사용 또는 제한 등에 대해서 규정하고 있어(제23조 제3항). 다른 나라들은 어떨까?

대만 헌법 제143조 중화민국 영토 내의 토지는 국민 전체에 속한다. 인민이 법률에 따라 취득한 토지 소유권은 마땅히 법률에 따라 보장되고 또한 제한된다.

독일 헌법 제15조 토지, 천연자원 및 생산수단은 사회화를 목적으로 보상의 종류와 정도를 규정하는 법률에 의해 공유재산 또는 공동 관리 경제의 다른 형태로 전환될 수 있다.

이탈리아 헌법 제44조 토지의 합리적 이용과 공평한 사회적 관계를 보장하기 위해 법률로 토지 사유에 의무와 제한을 부과할 수 있다.

스페인 헌법 제47조 모든 스페인 국민은 품위 있고 적절한 주거를 향유할 권리를 가진다. 국가는 이러한 권리를 실현하기 위하여 필요한 조건을 개선하고 투기 억제를 위해 공공의 이익에 따라 토지의 사용을 규제하는 적정한 기준을 확립한다. 지역 사회는 공공 기관의 도시 계획에서 비롯된 이익을 향유한다.

토지공개념의 모범 사례인 대만은 헌법에 '평균지권(平均地權)'▲을 규정하지. 토지는 전 국민의 것이므로 모두가 골고루 보유하고 소수가 독점하지 못한다는 원칙이야. 이 같은 헌법적 원리는 어떤 뿌리에서 나왔을까? 토머스 페인, 존 스튜어트 밀, 헨리 조지 등의 사상이 중요한 토대가 됐어. 그들은 공통적으로 토지의 공공적 성격에 주목했지. 《상식》을 저술하여 미국 독립혁명의 이론적 기반을 닦은 토머스 페인은 《토지 배분의 정의》(1794~1795)를 통해 토지에 대한 새로운 통찰을 던졌어.

인간은 토지를 만들지 않았다. 개인의 재산은 단지 개량(改良)의 가치일 뿐, 토지 그 자체는 아니다. 모든 토지 소유자는 그가 점유한 토지에 대한 지대를 공동체에 빚지고 있다. 나는 이 지대로부터 국가 기금을 만들어 그 금액을 모든

▲ 평균지권에는 네 가지 내용이 포함되지. 정부가 모든 토지의 가격을 매기는 '규정지가', 토지 가격에 따라 세금을 징수하는 '조가징세', 토지 가격이 규정지가의 상·하한 20퍼센트를 벗어나면 정부가 이를 매수하는 '조가수매', 그리고 지가가 특별한 노력 없이 높아지면 상승분에 세금을 부과하는 '장가귀공'이야.

사람들에게 나눠 줄 것을 제안한다.

토머스 페인은 토지가 원래 '인류의 공유 재산'이고 인류의 일원이라면 누구든지 평등한 이용권을 갖고 있다는 점을 강조했어. 그럼에도 불구하고 토지의 사유재산제로 인해 많은 사람이 자연권적 상속권으로서의 토지 이용권을 박탈당하고 빈곤과 비참의 수렁에 빠졌다고 비판했지. 그리고 '소유물을 빼앗긴 사람들'의 권리를 보상하기 위한 국민 기금의 창설을 제안했어. 국민 기금은 전 국민에게 나눠 주는 일종의 배당금이야.

진보적 자유주의(advanced liberalism)를 지향했던 공리주의자 존 스튜어트 밀도 사유재산제도의 신성함을 강조하기는 했지만 토지에 대해서만은 예외로 간주했어. 토지는 자연의 산물이고 어느 누구의 창조물도 아니기에 토지에 대한 절대적인 소유권을 가지기 어렵다고 봤지. 밀은 노력으로 얻은 '산물'이 아닌 자연이 준 '선물'을 개인이 독차지하는 제도는 정의롭지 못한 것으로 여겼어. 밀은 노력해서 얻은 게 아닌 '토지의 가치 상승분'에 대해서 지적했어. 토지는 개인의 창조물이 아니라 자연의 선물이고, 따라서 어느 누구도 토지의 가치 상승분에 대해 절대적인 소유권을 주장할 수 없다는 거야.

앞에서 살펴본 것처럼 시장주의자들은 경합성과 배제성을 들어 토지가 공공재가 아니라고 주장하지. 그런 주장도 일견 일리가 있어. 하지만 이는 절반만 맞는 얘기야. 부동산은 경제적 의미에서 크게 세 가지 기능을 갖지. 첫째 농지나 공업용지처럼 무언가를 생산하는 생산 요소로서의 기능, 둘째 투자 대상이 되는 자산으로서의 기능, 셋째 국립공원처럼 공공소비재로서의 기능이야. 첫째, 둘째 기능만 놓고 보면 토지는 공공재가 아니지만, 셋째 기능에서는 공공재로 볼 수 있지.

국립공원의 혜택은 모두에게 열려 있어. 누구만 누리고 누구는 누리지 못하는 게 아니지. 다시 말해 배제성이 없어. 또

한, 국립공원의 자연 경관과 푸른 신록, 맑은 공기 등은 나보다 남이 먼저 누릴까 봐 걱정할 필요가 없지. 누가 먼저 누리든지 상관없이 누구나 언제든 같은 혜택을 누릴 수 있거든. 즉 비경합적이지. 마찬가지로 서울의 경관, 특정 지역(망리단길이나 연남동길 등)의 정취나 분위기 등은 다 함께 누릴 수 있는 공유재인 거야. 그렇게 본다면 토지는, 더 정확히 토지에서 발생하는 지대는 공유 자산의 성격을 띤다고 해야겠지.

부동산 광풍을 훈풍으로 여기는 이들이 있어. 10억 원짜리 집이 20억 원이 된 건 열심히 노력한 대가가 아니야. 선견지명도 아니고. 부동산 불로소득은 어디에서 올까? 강남 땅값은 50년 전과 비교해 10만 배 올랐다고 했지? 50년 전에 산 땅은 소유자의 노력과 상관없이 가격이 10만 배가 됐어. 토지 소유자가 토지의 가치를 끌어올리는 데 어떤 기여를 했을까? 강남 땅값이 그 정도로 오르는 데 땅주인-대개는 건물주일 테지-이 개별적으로 노력한 것은 거의 없어. 건물을 사서 소유한 사실 말고는 별달리 한 일이 없거든. 이는 젠트리피케이션이 벌어지는 지역 상권도 마찬가지야.

설사 개인의 기여가 일부 있다 해도, 그것은 건물주가 아니라 세입자의 역할이지. 손님을 끌어모아 일정한 상권이 형성되도록 노력한 사람이 바로 세입자거든. 그 경우에도 세입자 한 명의 노력이 아니라 수많은 사람(주변 상점의 상인들)의 집단적인 노력이 더해져 상권을 형성한 거야. 그렇다면 세입자들의 노력으로 상승한 부동산 가치를 건물주가 전부 독차지하는 거 아닐까? 재주는 곰이 부리고 돈은 엉뚱한 사람이 버는 꼴이지. 지리학자 데이비드 하비는 《반란의 도시》에서 "공유재를 사용할 권리는 공유재를 생산한 모든 사람에게 주어져야 한다."고 주장했어. 쉽게 말해, 도시에 살면서 도시를 만들어 낸 모두가 공유재의 주인이라는 거야.

사실 우리를 둘러싼 공유재는 참 많아. 첫 번째는 자연이지. 대표적인 인류 공동의 자산이야. 인류가 집단적으로 만든 지식과 지혜, 관습과 문화 등도 인류 공동의 자산에 포함되지. 공유사회 이론의 선구자 중 한 명인 조너선 로는 공유재에 대해 "우리가 요금이나 대가를 치르지 않고 통상 이용하는, 모두가 공동으로 물려받은 방대한 영역을 말한다. 대기와 바다, 언어와 문화, 인간 지식과 지혜의 보고, (…) 생명의 유전자 구성 요소, 이런 것들이 공유 사회의 모든 측면이다."라고 설명하지.

토지에서 나오는 이익은 모두에게 - 토지공개념

'부루마불(Blue Marble)'의 원조는 미국에서 만들어진 모노폴리 게임(Monopoly game)이야. 모노폴리 게임을 번역하면 '독점 게임'인데, '푸른 대리석'이란 이름보다 훨씬 적나라하지. 그런데 모노폴리 게임도 진짜 원조는 아니야. 진짜 원조는 1904년에 제작된 '지주의 게임(The Landlord's Game)'이지. 작가이자 페미니스트였던 엘리자베스 매기가 만들었어. "저는 한 경제학자의 생각을 널리 알리고자 이 게임을 만들었습니다." 그 경제학자가 바로 헨리 조지였지. 엘리자베스 매기는 헨리 조지의 열렬한 지지자였거든.

'지주의 게임'은 자본주의 사회에서 토지 독점의 문제를 일깨우지. 그리고 대안으로 토지공개념을 제시해. 토지공개념은 토지의 사용권과 처분권 등을 보장하면서도 토지 가치는 공유해야 한다는 생각이지. 토지의 공유재적 성격을 압축한 개념이 토지공개념이야. 토지공개념은 헨리 조지의 사상에서 나왔어. 헨리 조지가 1879년에 출간한 《진보와 빈곤》은 토지공개념 논의의 시작으로 여겨지지. 《진보와 빈곤》은 19세기 말까지 나온 논픽션 서적 가운데 성경 다음으로 많이 팔렸다고 해. 경제학 분야만 떼어놓고 보면 당시까지 가장 많이 팔린 책이었지.

헨리 조지는 '토지의 공공성'을 강조한 이 책에서 "토지(land)를 몰수할 필요는 없다. 다만 이윤(rent)은 몰수할 필요가 있다."고 말했어. 국가가 토지를 몰수해 소유하는 '토지 국유화'와 구별해 개인이 토지를 자유롭게 소유하도록 하지만, 토지의 사용과 처분에 따른 이윤은 공동체가 나눠야 한다는 취지야. 바로 여기에 토지공개념의 싹이 담겨 있지. 헨리 조지는 인간이 노동을 통해 만들어 낸 건물은 개인이 소유할 수 있지만, 자연의 선물인 토지는 공유재로 간주하는 것이 정의롭다는 사실을 다음과 같이 분명히 했어.

> 주택과 대지는 다 같이 소유의 대상으로서 '재산'이고, 법적으로는 다 같은 '부동산'에 속한다. 그러나 이 둘은 성격이나 상호관계에 있어서 대단히 다르다. 주택은 인간의 노동에 의해 생산되며 정치경제학상 부(富)의 범주에 속하지만, 대지는 자연의 일부이며 정치경제학상 토지의 범주에 속한다. (…) 토지의 본질적 성격은 노동의 결과가 아니라는 점, 그리고 인간의 노력은 물론이고 인간 자체와도 무관하게 존재한다는 점이다.

헨리 조지가 토지 불로소득에 반대하는 이유를 알 수 있지. 헨리 조지는 토지가 갖는 특수성 때문에 토지의 사회화를 주장했어. 토지의 사회화를 공산주의로 오해해선 안 되지. 김윤상 전 전북대 교수는 헨리 조지의 사상을 다음과 같이 정리했어. "지공주의▲는 자본주의와 사회주의를 거부하는 제3의 이데올로기이다. 자본주의는 토지와 자본의 사유를 원칙으로 하고, 사회주의는 양자의 공유를 원칙으로 한다. (…) 반면 지공주의는 자본의 사유와 토지의 공유를 바탕으로 한다." 자본주의, 지공주의, 공산주의를 구분하면 표와 같아.

▲ 헨리 조지의 경제학 사상을 조지즘(Georgism)이라고 하는데, 이를 우리말로 지공주의(地公主義)라고 번역하지.

	자본주의	지공주의	공산주의
토지	사유화	사회화	국유화
산업·금융 자본	사유화	사유화	국유화

지공주의와 공산주의는 비슷해 보이지만 차이가 크지. 먼저, 지공주의와 공산주의는 산업·금융 자본의 소유에 관해서 완전히 다른 입장이야. 산업·금융 자본은 말 그대로 생산을 가능하게 만드는 원료, 기계, 시설, 공장 등을 가리키지. 지공주의는 공산주의와 다르게 산업·금융 자본의 국유화에 반대해. 공산주의는 자본의 국유화를 꾀하지만, 지공주의는 자본의 사유화를 인정하지. 다시 말해, 지공주의는 인간이 노력해서 얻은 이익을 인정함으로써 경제적 효율성을 추구해. 그런 점에서 지공주의는 자본주의와 겹치지.

다만 지공주의는 인간의 노력과 무관하게 자연이 선사한 토지를 사회화하지. 토지에 대한 권한이 모든 사람에게 평등하게 주어져야 한다고 보거든. 그렇다고 토지를 전부 몰수하자는 식의 과격한 주장을 하는 건 아니야. 헨리 조지는 몰수나 강제 매수 등을 정의롭지 못하다고 결론 내리지. 현재 토지를 보유한 사람들은 그대로 토지를 소유하도록 보장해. 토지 매매나 상속 등도 가능하지. 헨리 조지는 땅에 대한 소유

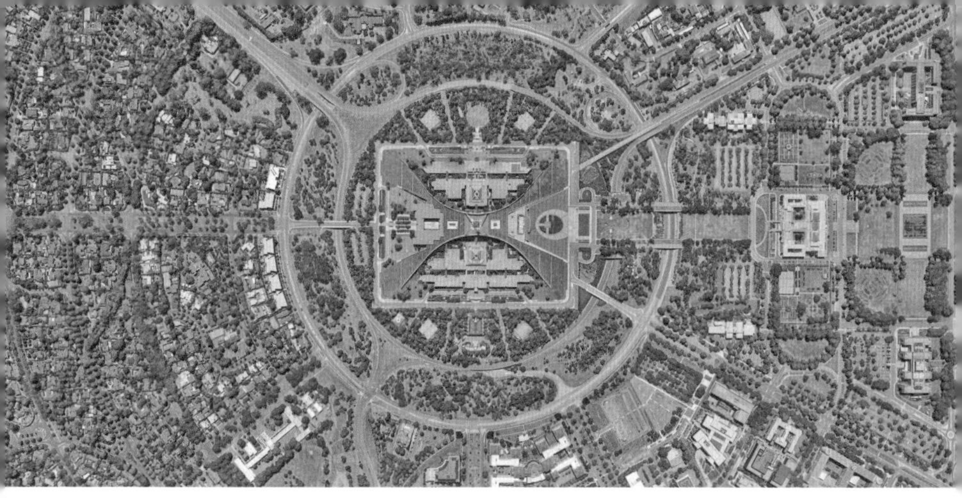

사진 5-2 잘 구획 정리된 호주의 한 도시. (출처: unsplash.com)

권은 그대로 유지하되, 땅에서 발생하는 지대를 모두 세금으로 거두자고 제안해. 공산주의가 토지의 몰수를 통해 국유화를 꾀하는 것과는 다르지.

다시 말하지만, 지공주의는 토지의 소유와 사용, 처분 등에 대해서는 일절 개입하지 않아. 지대만 거둬들일 뿐이지. 지대를 거둬들이는 근거는 지대가 개인의 노력으로 발생하지 않았기 때문이야. 앞에서도 설명했지만 한번 더 강조하자면, 지대는 시장(혹은 민간), 공공, 자연이라는 세 가지 조건에서 발생하지. 공유 재산에 대한 사회적 권리로서 토지세를 거두자는 게 헨리 조지의 입장이야.

유동 인구가 많고 경제 활동이 활발하면 지대는 올라가지.

이를 시장, 즉 민간에 의한 지대 상승이라고 해. 공공에 의한 지대 상승은, 정부가 신도시나 교통 인프라(도로, 철로, 공항) 등을 개발하면서 지대가 폭등하는 경우를 가리키지. 마지막으로 석유·온천·자연 경관 등 자연 조건이 지대를 끌어올리는 걸 자연에 의한 지대 상승이라고 해. 사회(시장·공공)와 자연이 지대를 낳고 끌어올리는 거야. 다시 말해 지대 상승은 개인이 노력한 결과가 결코 아니지. 토지에서 발생한 지대가 전형적인 불로소득인 이유야. 결국 공유 재산을 사유화해 사익을 거두고 있다고 볼 수 있어.

헨리 조지는 지대를 모두 거두는 대신에 토지 이외의 대상에 대해서는 아예 조세를 거두지 말자고 덧붙였어. 하나도 예외 없이 말이야. 정부가 수입을 얻기 위해 거두는 세금이 일정 부분 생산 활동을 억제하는 역효과가 있으므로, 인간이 만들거나 노력해서 얻은 것이 아닌 토지에 대해서만 과세하자는 파격적인 주장이지. 정리하자면, 지공주의는 땀 흘려 생산한 생산물에 대해서는 철저하게 사적 소유를 인정해 경제적 효율성을 극대화하고, 노력과 무관하게 하늘이 준 토지는 공적 대상으로 삼음으로써 사회적 형평성을 추구하지. 개인의 노력이 아닌 사회의 기여분으로서 지대를 회수하는 거야.

현실적으로 지대 전체를 세금으로 거두는 게 쉬운 일은 아니야. 지대를 얼마만큼 거둬들일지는 사회마다 다를 수 있지만, 토지공개념의 기본 취지는 지대가 가진 공공적 성격을 감안해 지대에 적극적으로 과세한다는 데 있어.

토지공개념에 반대하는 이들은 토지공개념이 토지를 국유화하는 사회주의적 발상이라고 주장하지. 토지공개념이 사유재산 제도에 어긋난다는 주장이야. 사유재산의 원칙은 노력해서 얻은 결과물에 소유권을 보장하는 거 아닐까? 운이나 행운 등 노력과 무관하게 얻은 부는 절대적·배타적 소유권을 인정받지 못하지. 상속 재산이나 복권 당첨금 등에 높은 세금을 매기는 이유야. 따라서 지대와 시세 차익(시세의 변동의 따라 생긴 이익, 쉽게 말해 물건을 팔 때의 가격과 살 때의 가격 차이에 따른 이익) 등의 불로소득을 공적으로 거둬서 지역 사회와 공유하는 건 사유재산 제도에 부합하지.

땅값은 민간, 공공, 자연 등 외부적 요인으로 오르지. 존 로크, 애덤 스미스, 존 스튜어트 밀, 밀턴 프리드먼 등 자유주의 학자들이 토지에 대한 절대적·배타적 소유권을 반대한 이유이기도 해. "(모든 세금은 나쁘지만) 세금 가운데 가장 덜 나쁜 것은 오래전 헨리 조지가 주장한 바, 미개량 토지의 가치에 부과되는 재산세이다." 밀턴 프리드먼이 한 말이야. 프리드먼은 경제적 자유주의(자유방임주의)를 대표하는 현대 경제학자인데, 그런 그조차 토지에 대해 저런 입장을 취한 거야.

방금 확인했듯이 지공주의는 토지의 국유화를 주장한 적이 없어. 토지의 소유·사용·처분 등은 자유롭게 맡기되, 토지에서 발생하는 불로소득만 거두자는 거야. 개인이든 기업이든 사업을 위해 토지를 소유하고 이용하는 데는 아무런 제한이 없지. 토지의 공공성을 내세워 기업과 개인의 생산 활동을 방해하지 않아. 생산 활동과 상관없는 지대에 대해서 개입하는 거야. 토지는 공급이 제한적이기 때문에 주식이나 채권 등 다른 투자보다 공공성이 훨씬 크지. 그래서 사회적 책임도 더 크게 요구된다고 봐.

반대론자들은 토지공개념이 비효율적이라고도 주장하지. 토지의 절대적·배타적 소유권을 보장할 때 토지 자원의 효율적 배분이 가능해져 토지의 잘못된 사용을 막을 수 있다고 말해. 그러나 토지의 절대적·배타적 소유권을 인정해 소유자에게 사용권과 처분권뿐 아니라 수익권까지 주면 오히려 토지의 효율적 사용을 방해할 수 있어. 투기 목적의 토지 보유를 부추길 수 있거든. 투기꾼들은 토지의 효율적 이용에는 관심이 없어. 그들의 관심은 온통 시세 차액에만 쏠려 있지.

6장
부동산 문제의 대안을 찾아서

"땅의 모든 결실들이
모든 사람에게 속하며,
땅 그 자체는 누구에게도
속하지 않는다."
-장 자크 루소-

공급을 늘리면 해결될까?

부동산 문제와 관련해서 대다수 언론이 제시하는 해결책은 거의 똑같아. 언론이 다루는 대표적인 대안은 공급 확대('공급 확대론')야. 공급이 부족해서 벌어진 문제이니 공급을 늘려야 한다고 한목소리로 요구하지.

언론은 왜 똑같은 대책만 되풀이할까? 첫 번째 이유는 경제 교과서에 나오는 수요 공급 법칙에 지나치게 매달리기 때문이지. 1장에서 살펴본 것처럼 부동산 시장은 수요 공급 법칙이 그대로 적용되기 어려운 시장이야. 그런 특성을 감안한다면 수요 공급 법칙만을 강변해선 안 되겠지. 두 번째 이유는 언론이 이해 당사자이기 때문이야. 2017년 기준, 부동산 광고비만 4503억 원에 달했지. 신문광고 10개 중 1개가 부동산 광고라는 조사 결과도 있어.

첫 번째 이유보다 두 번째 이유가 더 근본적이지. 신문사의 수입은 대부분 광고수익이야. 그런데 신문 광고의 중요한 고객이 건설사거든. 건설 광고, 분양 광고 등이 중요하지. 부동산 광고 비중이 높은 경제 신문들은 부동산 기사도 많이 쏟아내고 있어. 〈정부의 부동산 대책과 주요 언론 보도 경향 분석〉이라는 논문에 따르면 전체 기사 가운데 정부의 부동산 대책, 부동산 세금 관련 기사가 매일경제는 21퍼센트, 한국경제는 22퍼센트에 달했어. 아무리 경제 신문이라지만 부동산 기사만 5개 중 1개꼴이었지.

언론은 "부동산 값 폭등의 근본 원인인 공급 부족 대책을 내놓기는커녕 (규제를 통해) 우는 아이에게 오히려 회초리만 더 때리는 막가파식"(한 신문의 사설)이라고 정부 정책을 비난해. 공급 부족이 원인이라는 거야. 공급만 늘리면 집값이 안정되고 부동산 문제가 해결될까? 공급 확대론에는 두 가지 한계가 있어. 첫째, 주택 공급을 늘리려 해도 빵을 만드는 것처럼 단기간에 주택을 지어 공급할 수 없고 둘째, 주택 공급 확대가 집값을 안정시킨다는 증거가 없어. 앞의 문제는 따로 설명하지 않아도 이해될 테니까 뒤의 문제를 중심으로 설명해 볼게.

표 6-1 연도별 서울 아파트 준공 물량

연도	준공 물량
2011년	3만 8482호
2012년	2만 6115호
2013년	3만 3607호
2014년	3만 9325호
2015년	2만 2573호
2016년	3만 3566호
2017년	2만 9833호
2018년	4만 3738호
2019년	4만 5630호

국토교통부 통계누리

표를 보면 서울 아파트 가격이 바닥을 찍던 2012년과 2013년의 준공 물량이 각각 2만 6115호와 3만 3607호임을 알 수 있어. 주목할 부분은 서울 아파트 가격이 크게 오르던 시기인 2018년과 2019년의 준공 물량이 각각 4만 3738호와 4만 5630호라는 사실이야. 결코 적지 않았지. 정리하자면, 서울 아파트 가격이 바닥을 맴돌던 시기보다 폭등을 거듭하던 시기의 아파트 공급량이 훨씬 더 많았다는 거야(〈공급이 부족해 가격이 뛴다는 미디어의 거짓말〉 참고). 이런 통계를 보고도 공급만 늘리면 가격이 안정된다고 말할 수 있을까?

일반 상품은 가격이 오르면 공급이 늘고 수요는 줄어들어. 그러나 부동산은 가격이 오르면 공급이 줄고 수요가 늘어나지. 그러다 보니 부동산 가격이 폭등할 때마다 수요 부족이 대두될 수밖에 없어. 그런데 이는 투기 수요에 가깝지. 투기 수요든 아니든, 부동산 가격이 들썩이고 공급 부족이 대두될 때마다 주택을 지어 공급했어. 2019년 기준으로 주택 보급률은 104퍼센트를 넘지.▲ 그런데 자가 보유율은 오히려 떨어졌어. 집을 계속 공급하는데도 집을 가진 사람은 늘어나지 않는 거야.

▲ 물론 100퍼센트라고 해도 시장에서 원하는 주택이 아니라면 부족할 수 있겠지. 사람들이 원하는 주택은 아파트, 그것도 특정 지역의 아파트야. 교통이 좋고 학군이 좋으며 일자리와 편의시설이 많은 지역이지. 대표적으로 강남 아파트야. 강남 아파트를 원하는데 강남 주변에만 아파트를 지으면 소용없겠지. 그런데 강남 아파트를 무한정 공급할 수도 없는 노릇이잖아?

새로 공급된 아파트는 어디로 갔을까? 2019년 경실련이 발표한 〈상위 1퍼센트 다주택자 주택 소유 현황〉에 따르면 2008~2018년에 489만 호의 주택을 공급했는데 그중 250만 호를 다주택자가 사재기했어. 10년간 유주택자 중 상위 1퍼센트의 주택 보유량은 1인당 3.5채에서 7채로 2배나 증가했지. 2018년 기준 상위 1퍼센트 유주택자들이 보유한 전체 주택 수는 90만 호에 달해. 상위 10퍼센트로 늘려 잡으면 10년간 1인당 2.3채에서 3.5채로 늘었어. 상위 10퍼센트 유주택자들이 보유한 전체 주택 수는 450만 호나 됐지.

기간을 더 길게 잡으면 1995~2017년까지 22년 동안 주택 수는 957만 호에서 2031만 호로 늘어났어. 2.12배가 증가했지. 주택을 엄청나게 지어서 공급한 거야. 그 기간에 가구 수는 1295만 가구에서 1967만 가구로 1.52배 증가했어. 그만큼 인구수가 늘어난 건 아니고 1인 가구가 폭발적으로 늘어난 결과야. 어쨌든 늘어난 가구 수를 감당할 수 있을 만큼 주택이 지어졌어. 그럼 자가 보유율은 얼마나 올랐을까? 1995년 53.2퍼센트에서 2017년 55.9퍼센트로 2.7퍼센트 포인트밖에 상승하지 않았어. 이미 집이 있는 이들이 늘어난 집까지 차지한 탓이야.

가격 급등에 따른 투기 수요에 맞춰 공급을 늘리는 것은 깨

아파트

진 독에 물을 붓는 거랑 똑같지. 물을 아무리 부어도 독은 차지 않아. 공급을 무한대로 늘릴 수 없다면 결국 늘어난 공급은 투기 수요의 먹잇감이 될 뿐이야. 결국 돈 있는 사람들이 주택을 싹쓸이하게 돼 있어. 부동산 가격이 폭등하는 건 주택 공급이 수요를 따르지 못해서가 아니야. 실제로 살 집을 찾는 수요라면 말이야. 그런 수요라면 이미 공급은 충분하지. 문제는 투기 수요야. 투기 수요를 감당하려면 공급은 늘 부족하기 마련이지. 부동산 문제의 핵심은 공급이 아니라 욕망에 있어.

상황이 이런데도 언론은 늘 똑같은 얘기만 반복하지. 최근 강남 집값이 천정부지로 치솟자 언론은 한목소리로 공급 부족을 성토했어. 조선·중앙·동아 등 거대 신문과 경제 신문, 시장주의자들은 하나같이 강남 집값을 잡으려면 강남을 대체할 곳을 만들어야 한다고 목소리를 높였지. 강남 아파트 가격이 천정부지로 치솟는 건 강남 아파트를 원하는 사람들에 비

해 아파트가 턱없이 부족한 탓이니 아파트 공급을 늘려야 한다는 주장이었지.

그들 말대로 강남을 대체할 곳을 만들면 문제가 다 해결될까? 강남 인근에는 강남을 대체할 목적으로 조성된 신도시가 여럿 있어. 분당·판교·위례 등이 그곳이지. 이렇게 신도시를 조성해 주택 공급을 늘려서 강남 집값이 안정됐을까? 전혀 안정되지 않았어. 오히려 '천당 위 분당, 분당 위 판교'라는 말이 생겨날 정도로 분당·판교 신도시 건설은 투기 심리만 자극했지. 신도시 건설이 강남 집값을 전혀 해결해 주지 않았어.

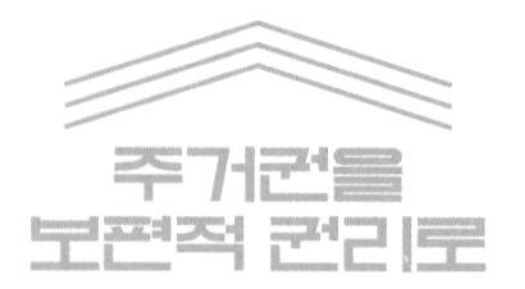

2015년도에 제정된 주거기본법은 국민은 관계 법령 및 조례로 정하는 바에 따라 물리적·사회적 위험으로부터 벗어나 쾌적하고 안정적인 주거 환경에서 인간다운 주거 생활을 할 권리를 갖는다고 명시하고 있어. 그러나 여전히 우리에게 '주거권'은 낯선 개념이야. 주거권은 거창한 게 아니야. 월세 부담을 덜고 싶은 마음, 좀 더 깨끗하고 쾌적한 환경에서 살고 싶은 마음, 자주 이사 다니지 않고 한 곳에서 안정적으로 살

고 싶은 마음 등을 권리로 보장하는 게 주거권이야.

그러나 현실은 어떨까? 누구나 안정적인 주거 환경에서 인간다운 주거 생활을 누리고 있을까? 그렇지 못한 사람이 많지. 집 걱정으로 속을 태우는 사람들도 많고. 지금까지 정부는 주거 정책이 아닌 부동산 정책만 펴 왔다고 해도 과언이 아니야. 주거 안정화는 여전히 국가 정책의 목표가 아니라 부동산 정책에 따라오는 부수적인 효과에 불과해 보이지. 핵심은 자기 집을 소유하는 게 아니라 누구나 마음 놓고 살 수 있는 권리야. 헌법이 천명하는 가치도 바로 그거야. 이제는 부동산 정책이 아니라 주거 정책에 초점을 맞출 필요가 있어.

스웨덴과 파리의 대학생들은 주거 급여를 받아. 생활비에서 주거비가 차지하는 비중이 큰 만큼 꼭 필요한 경우 말고는 아르바이트를 하지 않고 학업에 전념할 수 있지. 더 파격적인 방법으로 기본 자산이 있어. 기본 자산은 '기초 자산', '보편 자산', '사회적 지분' 등 여러 이름으로 불리지. 《21세기 자본》으로 유명한 토마 피케티가 기본 자산을 주장하는 대표적 인물이야. 피케티는 프랑스를 예로 들며, 1인당 평균 자산인 20만 유로(2억 6400여만 원)의 60퍼센트인 12만 유로(1억 5800여만 원)를 25살이 되는 모든 청년에게 주자고 제안했어. 피케티는 기본 소득뿐만 아니라 기본 자산이 필요하다고 주장하지.▲

기본 자산은 부모 대신 사회가 목돈을 물려줘 자립 기반을 제공하는 거야. 기본 자산이 주어지면 창업 자금, 자기 계발, 주택 마련, 결혼 비용 등 각자 필요에 따라 다양하게 쓸 수 있어. 기본 자산의 구상은 끊어진 계층 간 사다리를 다시 세우는 데에 있지. 기본 자산이 현실적으로 쉽지 않다면, 최소한 목돈 마련을 지원해 줄 순 있겠지.

우리나라 주택 시장은 매매, 민간 임대, 공공 임대 등 세 가지로 구분돼. 매매는 집을 사고파는 시장이야. 민간 임대는 흔히 전월세라고 부르는 시장이지. 말 그대로 민간에서 주택을 임대하는 거야. 공공 임대는 공공이 임대하는 주택이고. 매매와 민간 임대는 주택을 매개로 영리를 꾀하는 시장이라서 구조상 서민의 주거권이 보호받기 어렵지. 그래서 공공 임대 주택이 중요해.

공공 주택은 영구 임대, 국민 임대, 장기 전세, 행복 주택 등을 아우르지. 적은 부담으로 양질의 주거에 거주할 수 있는 공공 임대의 경우에 공급량이 부족해 수혜 대상이 한정적

▲ 모든 사람에게 아무런 대가 없이 일정한 소득을 보장해 주는 게 기본 소득이야. 그런데 기본 소득에는 일정한 한계가 있어. 앞서 살펴본 것처럼 부동산 자산의 격차가 시간이 흐를수록 큰 자산 불평등을 낳는데, 기본 소득이 주어져도 여기에 대응할 수 없지. 기본 소득을 받아서 집세로 쓸 순 있겠지만 집을 살 순 없으니까. 일정한 기본 자산이 주어진다면 이와 같은 자산 불평등을 다소나마 해소할 수 있다는 게 기본 자산을 주장하는 이들의 생각이지.

사진 6-1 세계적 건축가인 프리덴슈라이히 훈데르트바서가 설계한 '훈데르트바서 하우스.' 오스트리아 수도 빈의 관광 명소이자 랜드마크로 불리는 이곳도 사회 주택이다. Bwag/Commons (출처: 위키미디아 커먼즈)

일 수밖에 없어. 2019년 기준으로 전체 주택 2130만 호 가운데 158만호가 공공 임대야. 7.4퍼센트 수준이지. 양질의 공공 임대 주택이 충분히 공급돼야 해. 공공 임대를 통해 안정된 주거권이 더욱 확보될 필요가 있어.

그런데 공공 임대 시장은 세금을 이용해 공급 및 운영이 이뤄지다 보니, 늘 공급이 부족한 상황이야. 갈수록 재정 부담이 커지고 재원도 부족해지면서 공급에 어려움을 겪고 있거든. 한편 민간 임대는 수익성을 가장 중시하다 보니 임차인의 주거비 부담이 높을 수밖에 없지. 이런 상황에서 사회 임대는 각별한 의미를 띨 수밖에 없어. 이 틈새를 메울 수 있는 것이 바로 사회 임대거든.

공공 임대와 사회 임대(사회 주택)는 비슷해 보여. '소셜 하우징(Social Housing)'으로 일컬어지는 '사회 주택'은 시장에서 가격이 형성되는 민간 임대와 달리 가격이 안정돼 있다는 점에서 공공 임대와 유사하거든. 차이점은 공공 임대 주택이 말 그대로 공공이 주체가 되어 주택을 공급한다면, 사회 주택은 사회적 경제 주체(협동조합, 종교단체, 노동조합, 비영리법인, 사회적 기업 등)가 주택을 공급해. 국내의 경우에 공공 임대와 사회 임대 중 공공 임대가 절대적으로 많지.

사회 주택은 임대 주택의 공급 측면에서 사업시행자의 재정 부담을 덜고, 수요 측면에서 주거비를 낮추며 주거 안정성을 높일 수 있어. 사회 주택이 민간 임대보다 가격이 저렴한 이유가 뭘까? 한국토지주택공사(LH) 등 공공에서 장기간 저렴한 비용으로 토지를 빌려주면 사회적 경제 주체가 건물을 지어 임대하는 유형이 대표적인데, 공공에서 토지를 빌려주기 때문에 민간 임대보다 더 저렴할 수 있어. 사회 주택이 발달된 유럽을 보면 임대료는 시세의 80퍼센트 이하 수준이며, 10년 이상 장기 거주가 가능하지.

전체 주택 가운데 공공 임대 주택은 5퍼센트 언저리를 맴돌

다가 2018년 처음으로 7퍼센트대로 올라섰어. 그조차 선진국의 3분의 1~4분의 1 수준에 불과하지. 사회 주택은 관련 통계조차 드물 정도로 매우 저조한 실정이야. 우리나라에서 사회 주택이 그마나 가장 활성화된 서울만 해도 2019년 566호가 공급됐을 뿐이야. 서울시는 2015년 1월 '서울특별시 사회 주택 활성화 지원 등에 관한 조례'를 제정했지만, 사회 주택 공급 실적은 저조하지.

유럽은 공공적 성격을 띠는 사회 주택이 일반적이야. 우리와 달리 공공 임대보다 사회 임대가 일반적이지. 나라마다 이름은 다소 다른데, 사회 임대는 '사회 주택(Social Housing)' 또는 '공공 주택(Public Housing)'으로 불리지. 국토연구원에 따르면 사회 임대 비율은 네덜란드 34.1퍼센트, 오스트리아 26.2퍼센트, 덴마크 22.2퍼센트, 프랑스 18.7퍼센트, 영국 17.6퍼센트에 달하지. 네덜란드의 수도 암스테르담은 주택의 61퍼센트가 사회 주택이야. 우리도 공공 임대든 사회 임대든 전체 비율을 20퍼센트 수준으로 높여야 해.

주택과 같은 생활 필수재에 대한 공공성이 취약한 한국 사회에선 삶의 만족감과 행복감이 떨어질 수밖에 없어. 주택 등 생활 필수재를 확보하기 위해 극심한 경쟁을 벌여야 하거든. 생활은 불안정하고 미래는 불투명하지. 공공 임대와 사회 임대를 더 많이 확대해야 해. 그럼 재원은 어떻게 마련할까? 여기서 세금 논의가 이어서 나오지.

1999~2008년까지 10년 동안 한국에서 발생한 개발 이익은 무려 2130조 원에 달했어. 그런데 개발부담금, 양도소득세, 개발제한구역 훼손부담금 등을 통해 환수된 개발 이익은 얼마나 됐을까? 겨우 36.9조 원에 불과했어. 전체 개발 이익의 1.7퍼센트 수준이지. 불로소득에 대한 과세가 제대로 이뤄지지 않은 결과야. 다시 말해 토지에서 발생한 엄청난 개발 이익 대부분이 토지·주택 소유자들의 주머니로 고스란히 들어간 거지. 각종 비과세 혜택과 세금 감면 탓이야.

부동산 투기는 두 가지 조건에서 발생해. 첫째는 투기로 상당한 불로소득이 예상되는 조건이고, 둘째는 투기에 투입할 자금이 시중에 흘러넘치는 조건이야. 따라서 부동산 투기를 막으려면 두 가지 방법을 쓸 수 있어. 불로소득의 크기를 줄이거나 돈줄을 조이는 방법이지. 그런데 돈줄을 죄는 방법은 한계가 있어. 부동산 투기가 기승을 부릴 때는 보통 '과잉 유동성' 상태야. 쉽게 말해 정부의 팽창적 통화 정책으로 시중에 돈이 많이 풀린 환경인 거지. 정부가 팽창적 통화 정책을 쓸 때는 대개 경기가 나쁠 때이므로 부동산 투기 때문에 긴축적 통화 정책으로 전환하기 어려워. 통화 정책은 다양한 경제 상황을 고려할 수밖에 없으니까.

그렇다면 남은 방법은 하나밖에 없지. 부동산 불로소득의 크기를 줄이는 방법이야. 부동산 불로소득을 줄이려면 당연히 세금 제도를 강화해야지. 세금은 부동산 투기를 근절할 수 있는 방법 중 하나야. 그런데 우리나라는 부동산 세제 자체가 매우 약한 편이지. 1가구 1주택 비과세 원칙으로 인해 대부분의 주택에 대해 세금이 거의 부과되지 않거든.

본격적으로 세금 이야기를 하기 전에 부동산 세금에 대해서 간단히 설명해 줄게. 부동산 세금은 크게 보유세와 거래세로 나눌 수 있어. 용어가 좀 낯설지? 말 그대로 보유세는 부동산을 보유할 때 내는 세금이고 거래세는 부동산을 사고팔 때 내는 세금이야. 보유세에는 재산세와 종합부동산세▲가 있고, 거래세에는 취득세와 양도세가 있어. 부동산을 사는 경우

▲ 재산세와 종합부동산세(이하 '종부세'로)의 차이는 다음과 같아. 재산세는 토지, 주택, 건축물, 선박 및 항공기 등의 재산을 가진 모든 사람에게 부과되는 세금이고, 종부세는 고액의 주택(공시가격 9억 원 이상, 시세로는 13억 원 정도의 주택)과 토지에 대해서 별도로 부과하는 세금이야.

와 파는 경우에 내는 세금이 각각 다른데, 살 때는 취득세를 내고 팔 때는 양도세를 내지.

앞에서 언론의 문제를 언급했는데, 언론이 조장하는 또 다른 편견이 있어. 바로 부동산 세금에 관한 거야. "사유재산 강탈 독재 정부! 빗줄기 뚫고 신발이 날았다." 〈조선일보〉 2020년 8월 1일자에 실린 기사 제목이야. '강탈', '독재' 등 과격한 표현이 난무하지. '세금 폭탄'이란 말을 들어 본 적 있어? 언론이 부동산 세금과 관련해서 자주 쓰는 표현이야. 폭탄, 벌금, 징벌, 세금 지옥, 도살적 과세 등 다양한 은유가 활용되지. "세금 아닌 벌금", "징벌적 세금 폭탄" 등처럼 쓰여.

2020년 11월 26일자 〈조선일보〉에는 "지금처럼 집값 오르면 5년 뒤 서울 모든 아파트 종부세 폭탄"이라는 기사가 실렸어. 2020년 기준 종부세 대상이 66만 명 정도야. 전체 인구의 1퍼센트를 조금 넘어. 그런데 보수 언론들은 마치 모두가 내야 하는 세금인 양 과장하지. 이런 보도는 '가진 자'를 대변하는 보도야. 사실 서민 입장에서는 돈 많은 사람들이 세금을 더 낼수록 자기들의 세 부담은 줄어들 수 있어. 그런데 '세금 폭탄' 식으로 보도하면 마치 폭탄이 터져서 나한테 파편이라도 튀지 않을까 불안감을 갖게 되지. 많은 사람이 그런 불안을 느껴서 '부동산 부자들'을 대신해 싸우게 만들려는 거야.

종부세 대상은 13억 원이 넘는 주택이야. 종부세를 더 높여도 경제에 지장은 없어. 종부세와 성격은 다르지만, 1955년 미국의 소득세 최고세율은 무려 91퍼센트였지. 당시 20만 달러 이상의 소득에 91퍼센트의 세금이 부과됐어. 현재 가치로 188만 달러, 그러니까 21억 원 정도 되지. 21억 원 중에 19억 원을 세금으로 거둬 가도 미국 자본주의는 붕괴하지 않았다고 토마 피케티 파리경제대학 교수는 말하지.

> 지대는 많은 경우 그 소유자가 관심이나 주의를 전혀 기울이지 않고도 향유할 수 있는 수입이다. 따라서 지대는 그 위에 부과되는 특수한 조세를 가장 잘 감당할 수 있다.
>
> **–애덤 스미스**
>
> 지주(地主)들은 일하지 않고도, 위험을 감수하지 않고도, 혹은 절약하지 않고도 잠자는 가운데도 더 부유해진다. 전 사회의 노력으로부터 발생하는 토지 가치의 증가분은 사회에 귀속되어야 하며 소유권을 가진 개인에게 귀속되어서는 안 된다. **–존 스튜어트 밀**

자유주의 경제학의 아버지들이 했던 말이야. 애덤 스미스, 데이비드 리카도, 존 스튜어트 밀 등 고전주의 경제학자들은 토지의 특수성에 주목했어. 밀은 지대는 불로소득이므로 사회가 일부를 거둬도 사유재산 원리에 전혀 어긋나지 않는다고 지적했지. 고전학파의 시대가 끝나 가던 19세기 후반에도 헨리 조지가 등장해 토지 중심의 경제학을 선보였어. 앞에서 헨리 조지의 사상을 '지공주의'라고 부른다고 설명했지? 지공주의는 모든 사람이 토지에 대한 권리를 평등하게 누려야 한다는 사상이라고 했어.

부동산, 특히 토지에 대한 세금은 아담 스미스 등 고전주의 경제학자부터 밀턴 프리드먼, 그레고리 맨큐▲ 등 현대 경제학자까지 많은 경제학자가 가장 우수한 세금으로 칭찬하는 세금이야. 진보와 보수 등 정치적 입장과 상관없이 말이야. 노동(노력소득)에 대한 세금은 줄이고 운과 특권(불로소득)에 대한 세금을 늘리는 게 시장 경제에 부합하지 않을까? 그런 점에서 토지에 대한 세금은 시장 경제 질서에 정확히 부합하는 세금이지.

세금의 누진성이 지금보다 훨씬 높았던 1950~1970년대에 생산성 증가율은 지금보다 한결 높았다고 해. 세금을 많이 거

▲ 그레고리 맨큐는 하버드대학교 경제학과 교수야. 《맨큐의 경제학》으로 유명하지. 1997년 출간되어 250만 부 이상 판매된 보수주의 경제학의 바이블로 평가되는 책이야. 그러니까 맨큐라는 경제학자는 보수주의 경제학자인 셈이지. 그런 그조차 토지 보유세를 칭찬하고 있어.

둔다고 나라가 망하는 게 아니야. 세금을 통해 상대적 박탈감도 줄이고 부자들도 떳떳하게 부동산을 소유할 수 있지. 마지막으로 장 자크 루소가 한 말을 음미하며 부(富)와 세금의 관계를 되새겨 볼까. "민주공화국이란 어느 누구도 자신을 팔아야 할 정도로 가난해서는 안 되며, 어느 누구도 다른 시민들의 굴종을 사버릴 정도로 부유해서도 안 되는 사회다."

한 번만 더 정리하고 토지 보유세 이야기를 해 줄게. 이것만 머릿속에 담아 두면 이해하기 어렵지 않을 거야. 부동산을 보유하고 있을 때는 보유세, 부동산을 살 때는 '사서 갖는다'는 뜻의 취득세, 부동산을 팔 때는 '건네준다'는 뜻의 양도세를 낸다고.

부동산을 낮은 가격에 사서 높은 가격에 팔면 차익이 발생하지. 그 차익을 '시세 차익'이라고 불러. 부동산 투기는 시세 차익을 노리고 이루어지지. 부동산을 팔 때 내는 양도세는 바로 시세 차액에 대해서 부과돼. 부동산의 절대 가격이 아니라 시세 차액이 양도세의 과세 대상이야. 예를 들어 주택을 20억

원에 사서 20억 원에 되팔면 양도세가 부과되지 않아. 시세 차익이 전혀 없으니까. 반면에 주택을 2억 원에 사서 3억 원에 되팔면 시세 차익이 1억 원이 발생하고 그 부분에 양도세가 부과되지.

시세 차익에 부과되는 양도세의 특징 때문에 양도세를 올려서 부동산 불로소득을 환수하면 투기를 잠재울 수 있다고 흔히들 생각해. 얼핏 보면 맞는 이야기 같지. 그러나 거래세로 부동산 투기를 잠재우는 데는 한계가 있어. 거래에서는 결정적인 결함이 있거든.

양도세를 올리면 다주택자들이 주택을 팔지 않고 계속 보

유할 수 있어. 양도세가 부담이 돼서 주택을 내놓지 않는 거야. 이를 '매물 잠김 효과'라고 해. 매물, 그러니까 팔려고 내놓는 부동산이 시장에 나오지 않는다는 거야. 이 때문에 가격 폭등기에 부동산 값을 안정시키기는커녕 가격 상승만 부추길 수 있어(〈부동산 정책의 정도(正道)〉 참고). 매물이 잠기면서 부동산 공급이 줄어드니까 가격은 더욱 상승하게 되지.

이런 문제 때문에 보유세, 특히 토지 보유세가 유력한 대안으로 떠오르지. 한국 사회에 필요한 것은 토지 보유세 강화야. 토지 보유세는 말 그대로 토지를 보유(保有)할 때 내는 세금이야. 앞서 살펴본 것처럼 토지는 사유재산인 동시에 공공

재산이라는 성격을 갖지. 이런 특수한 성격을 감안해 토지를 보유하면서 그로부터 얻는 편익과 소득에 대해 세금을 거두는 것이 보유세의 취지야. 거래세를 강화하면 부동산 투기를 막기 어렵지만, 보유세를 강화하면 불필요한 부동산 보유, 즉 투기를 막을 수 있어.

토지 보유세를 강화하면 부동산 가격을 안정시킬 수 있어. 부동산 보유자가 부담하는 보유 비용이 늘어나므로 사람들은 불필요한 부동산을 까닭 없이 보유하지 않게 되거든. 즉, 다주택자들의 투기를 방지할 수 있어. 기업도 생산 활동에 꼭 필요한 토지만 보유하게 되지. 공장이나 창고 등을 지을 부지 외에 투기적 목적으로 보유하는 토지를 최소화할 거야. 부동산 정책의 방향을 투기를 위한 소유보다 이용을 위한 소유에 맞출 필요가 있어. 토지 보유세 강화는 그 일환이야.

토지 보유세는 종부세와 어떻게 다를까? 토지 보유세는 말 그대로 토지에 대해서만 부과하는 세금이야. 반면에 종부세는 토지와 주택을 묶어서 과세하지. 문제는 주택에 대한 과세야. 경제적 측면에서 건물 보유세는 건물을 신축·증축·개축하는 데 부담을 준다는 한계를 안고 있어. 신축·증축·개축 행위는 생산 활동에 속하지. 생산 활동의 결과물에 세금 부담을 늘리면 건물로 얻는 수익이 떨어지기 때문에 건설업이 위축

될 수 있어. 세금을 부과하는 목적이 생산 활동 위축은 아니잖아?

세금 강화는 생산 활동 위축이 아니라 증진을 위해서 하는 거야. 부동산 투기는 생산 활동을 방해하지. 땅값이 비싸면 기업이 생산 활동을 위해 공장이나 창고를 짓는 비용이 증가하거든. 투기를 방지해 생산 활동에 토지를 효율적으로 이용할 수 있도록 세제를 강화하는 건데, 건물에 부과되는 세금은 그 반대의 효과를 낼 수 있어. 그래서 노벨 경제학상 수상자인 윌리엄 비크리는 "부동산 보유세는 '최선'의 세금 중 하나인 토지 보유세와 '최악'의 세금 중 하나인 건물 보유세가 결합된 세금"이라고 평가했어.

반면 토지 보유세는 토지 이용을 방해하지 않아. 예를 들어 미국 펜실베이니아주의 피츠버그에서는 토지분 보유세와 건물분 보유세를 분리한 뒤에 토지 보유세를 높이고 건물 보유세를 낮추는 과세 정책을 추진했어. 1979년 토지 보유세와 건물 보유세의 비율을 3:1이 되도록 했고, 이후 토지 보유세를 더 높여 거의 6:1이 되도록 조정했지. 그 결과 피츠버그는 건설 경기가 살아나 경제가 회복되고 실업 문제도 해소됐어. 기업들이 불필요한 토지 소유는 최소화하는 대신 필요한 건물, 공장, 시설 등은 적극적으로 지은 덕분이었지.

또한, 앞에서 살펴본 것처럼 토지와 건물은 원리상으로도 성격이 다르지. 건물은 노동의 산물이지만, 토지는 자연의 선물이야. 이 점에서도 건물보다 토지에 더 무겁게 과세할 필요성이 제기되지. 누누이 강조한 것처럼 부동산 과열과 위기는 건물이 아니라 토지에서 비롯해. 강남의 아파트는 지방의 아파트보다 훨씬 비싸지. 같은 브랜드, 같은 평수인데도 말이야. 브랜드며 평수까지 똑같은 아파트 값이 지역에 따라서 천양지차인 거야. 이런 차이는 건축에 들어간 원자재가 아니라 토지 가격의 차이에서 발생하지. 설사 자재가 일부 달라서 자재 값의 차이가 발생하더라도, 이는 토지 비용에 비해 매우 적은 부분이야.

부동산 문제의 핵심은 땅이지. 부동산 관련 조세에서 토지를 비중 있게 다뤄야 할 이유야. 부동산 조세에서 건물보다 토지를 우선한다는 원칙 아래 보유세를 두텁게 할 필요가 있어. 거래세를 낮추고 보유세를 높이는 거야. 현재 한국은 부동산세에서 보유세의 비율이 낮고 거래세의 비율이 높은 편이지. 이게 왜 문제일까? 취득세는 부동산을 사려는 사람에게 부담을 주고, 양도세는 팔려는 사람에게 부담을 주지. 결국 취득세와 양도세 같은 거래세는 부동산 거래 활성화에 부정적이야.

표 6-2 주요 국가의 부동산세에서 보유세가 차지하는 비율(2015년)

미국	뉴질랜드	캐나다	폴란드	그리스	일본	영국	프랑스	한국
100	98.3	92.4	91.0	87.8	87.5	80.9	80.0	28.7

반면에 보유세는 부동산 거래를 촉진하지. 여기서 거래 촉진이 투기 조장을 의미하는 건 아니야. 보유세 강화는 세금 부담을 통해 투기 목적으로 취득한 불필요한 부동산을 시장에 내놓도록 유도하지. 다주택 보유로 얻는 이익보다 세금 부담이 더 커지면 여러 채의 주택을 소유할 이유가 사라지거든. 보유세 강화는 실거주자·실사용자처럼 필요한 사람이 꼭 필요한 만큼의 부동산을 갖도록 만들지. 따라서 보유세가 거래세보다 시장 원리에 더 부합하는 세금이라 할 수 있어.

사정이 이러한데도, 한국의 경우는 부동산에서 거래세 비율이 높고 보유세 비율이 낮지. 국내의 민간보유 부동산 시가총액 대비 부동산 보유세율이 0.16퍼센트로 0.44퍼센트인 경제협력개발기구(OECD)의 절반에도 미치지 못해. 2015년 기준으로 부동산 세금에서 한국의 보유세 비율은 28.7퍼센트인 반면에 미국, 뉴질랜드, 캐나다 등 주요 선진국은 80퍼센트를 넘고 있지. 특히 미국의 경우에는 거래세가 아예 없어. 다른 나라들과 비교해 한국의 부동산세가 거꾸로인 셈이야.

땀보다 땅을 대접하는 사회

"우리는 대지의 한 부분이고, 대지는 우리의 한 부분이다." 시애틀 추장

세심한 접근이 필요하다

부동산 투기, 부동산 가격 급등 등은 어제오늘 생긴 문제가 아니야. "치솟은 집값… '내 집 꿈'은 분노로." 1989년 5월 16일자 〈한겨레〉 기사 제목이야. "무주택자 60% 끝내 가망 없어"라는 중간 제목도 보이지. 기사는 집값 급등으로 희비가 엇갈린 30대의 두 시민 이야기로 시작해. 한 사람은 운 좋게 아파트를 사서 시세 차익을 누렸고, 다른 한 사람은 열심히 일했지만 집값 폭등으로 사는 곳을 줄였지. 부동산 투기와 가격 폭등은 수십 년 동안 주기적으로 되풀이되는 대한민국의 고질적인 병폐야.

경제사학자 칼 폴라니의 통찰처럼 우리 시대 이전에는 토지와 노동의 운명이 수요-공급 메커니즘으로 결정된 적이 없었어. 이유는 단순하지. 토지란 이름만 다를 뿐 사실 자연을 뜻하며, 노동 역시 이름만 다를 뿐 사실 인간을 뜻하기 때문이지. 자연과 인간을 수요-공급 메커니즘으로 사고판다는 생각 자체를 하지 못했어. 그리고 오랫동안 인간은 자연의 일부로 살았지. 어머니의 품속 같은 대지는 사고팔 수 있는 대상이 아니었어.

그러나 이제 거의 모든 것이 상품으로 전락해 시장에서 거래되지. 부동산 투기도 그 안에서 생겨나는 모순의 일부야. 시장 경제를 폐기하거나 토지를 국유화 또는 사회화하지 않는 한 부동산 투기를 근절하기란 불가능에 가깝지. 그나마 부동산 투기를 누그러뜨릴 수 있는 수단이 세금이야. 세금 제도는 투기를 통제할 수 있는 유력한 수단임에 틀림없지만, 정밀한 접근이 요구되는 정책 수단이지.

예전에 영국에는 창문세가 있었어. 창문의 수에 따라 걷는 세금이었지. 1696년에 도입한 세금이었는데, 6개 이상 창문부터 세금을 부과했어. 국왕 윌리엄 3세는 프랑스와의 9년 전쟁으로 고갈된 국가 재정을 확충하기 위해 창문세를 도입했지. 부유층에게 더 많은 세금을 걷으려는 의도였어. 부유할수

사진 7-1 150년이나 이어진 영국의 창문세는 결국 창을 막거나 이후 아예 창을 달지 않은 건물을 만드는 기현상을 낳았다. (출처: 위키미디아 커먼즈)

록 큰 주택에 살 가능성이 높고 큰 주택일수록 상대적으로 창문이 더 많았을 테니까.

창문세는 부동산 크기와 세금을 연계한 첫 사례로 볼 수 있어. 1851년 주택세가 도입될 때까지 유지되었지. 그런데 창문세가 도입되고 시간이 흐르자 건물들의 모습이 점차 이상하게 변해갔어. 멀쩡한 창문을 벽돌로 다 막아 버렸거든. 건물 전면에 창 대신 커다란 벽만 가득한 이상한 건물들이 생겨났어. 여기서 알 수 있는 교훈. 사람들은 빠져나갈 방법을 어떻게든 찾아낸다!

부동산 투기를 막기 위해 세제를 강화할 필요는 있지만, 무조건 세금만 많이 걷는다고 문제가 해결되는 건 아니야. 정부가 투기를 근절한다며 다주택자 양도세를 올리면 세금 부담 때문에 집을 내놓는 게 아니라 자식에게 물려주지. 세금을 통한 투기 억제는 세심하고 빈틈없는 전략이 필요해.

토지는 누구의 것일까?

1948년 제정된 세계인권선언 25조는 "모든 사람은 의식주, 의료 및 필요한 사회복지를 포함하여 자신과 가족의 건강과 안녕에 적합한 생활수준을 누릴 권리와 실업, 질병, 장애, 배우자 사망, 노령 또는 기타 불가항력의 상황으로 인한 생계결핍의 경우에 보장을 받을 권리를 가진다."라고 선언하지. 주거권이 기본권으로 제시되어 있어.

이러한 인권적 가치를 우리 헌법은 다음과 같이 규정하지. "모든 국민은 인간다운 생활을 할 권리를 가진다."(헌법 제10조) "모든 국민은 건강하고 쾌적한 환경에서 생활할 권리를 가지며"(제35조 제1항) "국가는 주택개발정책 등을 통하여 모든 국민이 쾌적한 주거생활을 할 수 있도록 노력하여야 한다."(제35조 제3항) 즉, 누구나 건강하고 쾌적한 주거 환경에서 살 권리가 있으며 국가는 이를 실현할 의무가 있다는 거야. 부동산 투기를 뿌리 뽑지 않고서는 그러한 가치를 달성하기 어려워.

사람들은 대개 집을 마련하기 위해 빚을 지지. 부동산 가격이 상승할 때는 큰 문제가 안 되지만, 가격이 하락할 때는 큰 부담이 돼. 한국 사회에서 국민의 90퍼센트는 가계 부채에 손발이 묶여 있어. 집을 사기 위해서든 빌리기 위해서든 부동산 관련 대출이 큰 부분을 차지하지. 부동산 문제는 현세대의 문제이기도 하지만 미래 세대의 문제이기도 해. 부동산 가격이 상승해서 얻은 이익은 결국 어디에서 온 걸까? 그것은 미래의 구매자로부터 가져온 이득이야. 즉, 부동산 가격 상승은 미래의 구매자에게는 부담이자 빚이지.

모든 것이 부동산 탓은 아니겠지만, 계층 갈등, 낮은 출산율, 청년들의 좌절, 최저임금 갈등, 노동 의욕 저하, 공장의 해외 이전 등 수많은 문제가 높은 부동산 가격(임대료와 토지 이용 비용)과 직간접적으로 연결돼 있어. 부동산 문제를 해결하지 않으면 이런 복잡한 문제들도 풀 수 없어. 빈부 격차도 마찬가지야. 아무리 임금이 오른다 해도 부동산 불평등이 해소되지 않는 한 부의 양극화는 심화되지.

앨런 크루거 전 프린스턴대학교 경제학과 교수는 "소득 하위 10퍼센트 가구에서 태어난 사람이 상위 10퍼센트 계층으로 갈 확률은 키 170센티미터인 아버지에게서 태어난 아들이 185센티미터까지 자랄 확률과 비슷하다."라고 했어. 지금처럼 부의 불평등이 커지면 세대 간 계층 이동이 어렵다는 뜻이야. 2018년 OECD 발표에 따르면 한국의 소득 하위 10퍼센트 가구에 속한 자녀가 중산층이 되려면 5세대가 걸린다고 해. 5세대면 150년이야. 청년들이 '이생망(이번 생은 망했다)'이

부동산
청년 좌절
계층 갈등
불평등
최저 임금
빈부 격차
노동 의욕 저하
공장 해외 이전

라고 자조할 만하지.

우리가 경제적 불평등을 논할 때 소득에 따른 불평등을 많이 이야기하지만, 소득 불평등이 심화되는 배경에는 자산 불평등, 즉 부동산 불평등이 놓여 있어. 그 점을 놓치면 부의 편중을 제대로 분석하기 어렵지. 부동산 불평등을 함께 봐야 경제적 불평등에 대한 올바른 문제 진단도, 실효성 있는 해결책도 이끌어 낼 수 있어.

부동산 불로소득은 결코 절대적인 소득이 아니야. 시장 경제에서 부동산 소유와 거래를 자유롭게 보장하는 건 토지 자원의 효율적 이용을 위해서지, 투기 활동을 보장하기 위해서가 결코 아니지. "자원을 가장 효율적으로 사용하는 사람이 그 자원을 손에 넣어야 합니다. 하지만 소기의 목적을 달성한 후에는 다시 사회로 환원해야만 합니다." 세계적인 부자 워런 버핏이 한 말이야.

우리에겐 땅을 골고루 나눠서 크게 성공한 경험이 있어. 제2차 세계대전 후 식민 지배에서 벗어나 경제 성장에 성공한 나라는 매우 드물지. 그 드문 일을 대한민국이 해냈어. 우리 민족의 끈기와 성실함 덕분이었을까? 식민지 지주제를 해체하고 토지를 평등하게 분배한 결과였어. 그 덕분에 유례없는 고도 성장을 이룰 수 있었지. 당시에는 누구나 토지를 가질 수 있었어. 가진 돈이 없어도 매해 수확량의 30퍼센트를 5년간 내면 토지를 소유할 수 있었지.

지금이야말로 당시의 경험을 되새길 때가 아닐까? 토지 자체를 나눠 갖자는 말이 아니야. 토지에서 발생하는 어마어마한 불로소득을 거둬 고르게 나누면 얼마든지 가능해.

토지는 원래 모두의 것이었어.

참고 자료

《가난에 빠진 세계》 이강국 지음, 책세상, 2007
《가난한 집 맏아들》 유진수 지음, 한국경제신문사, 2012
《강남, 낯선 대한민국의 자화상》 강준만 지음, 인물과사상사, 2006
《강남의 탄생》 한종수 외 지음, 미지북스, 2016
〈결혼 및 출산에 영향을 미치는 주거빈곤 특징요인 분석〉 이다은 외 지음
《경제를 아십니까》 홍은주 지음, 개마고원, 2020
《경제학, 인문의 경계를 넘나들다》 오형규 지음, 한국문학사, 2013
《공간과 장소》 이-푸 투안 지음, 심승희 외 옮김, 대윤, 2007
〈공공의 주거보장에 관한 연구 : 독일의 사회적 시장경제에서의 주거수당에 대한 고찰〉 이신용 지음
〈공급이 부족해 가격이 뛴다는 미디어의 거짓말〉 이태경 지음
《내 집에 갇힌 사회》 김명수 지음, 창비, 2020
〈높이 규제는 법적으로 타당한가〉 김지엽 지음
《누구를 위한 높이인가》 박현찬 외 지음, 서울연구원, 2017
《뉴필로소퍼 : 부동산이 삶을 지배하는 사회》(2019년 7호)
〈대공황 이후 주요 금융 위기 비교〉 한국은행 조사국
《대한민국 부동산 40년》 국정브리핑 특별기획팀 지음, 한스미디어, 2007
《도시는 왜 불평등한가》 리처드 플로리다 지음, 안종희 옮김, 매경출판, 2018
《땅과 정의》 김윤상 지음, 한티재, 2011
《땅과 집값의 경제학》 조시 라이언 콜린스 외 지음, 김아영 옮김, 사이, 2017
《목소리 없는 자들의 목소리》 연구공간 수유+너머 지음, 그린비, 2008
《민주주의에 반하다》 하승우 지음, 낮은산, 2012
《바벨탑 공화국》 강준만 지음, 인물과사상사, 2019
《박정희의 맨얼굴》 유종일 외 지음, 시사IN북, 2011
《박종훈의 대담한 경제》 박종훈 지음, 21세기북스, 2015
《반란의 도시》 데이비드 하비 지음, 한상연 옮김, 에이도스, 2014
《부동산 계급사회》 손낙구 지음, 후마티타스, 2008
《부동산 공화국 경제사》 전강수 지음, 여문책, 2019
〈'부동산 공화국'의 실상과 보유세〉 전강수 지음
《부동산 권력》 프레드 해리슨 지음, 남기업 외 옮김, 종합출판범우, 2009
《부동산 약탈 국가》 강준만 지음, 인물과사상사, 2020
〈부동산 수익의 공유화와 기본소득 재원 확대의 방향〉 곽노완 지음
〈부동산 정책의 역사와 시장친화적 토지공개념〉 전강수 지음
〈부동산 정책의 정도(正道)〉 전강수 지음
〈부동산과 불평등 그리고 국토보유세〉 남기업 외 지음
《부동산과 시장경제》 서승환 지음, 삼성경제연구소, 2006
〈사대문 안 학교들, 강남으로 가다〉*(출간) 서울시 시사편찬위원회, 2012
《사람, 장소, 환대》 김현경 지음, 문학과지성사, 2015
《사회문제의 경제학》 헨리 조지 지음, 전강수 옮김, 돌베개, 2013
〈상가건물임대차 분쟁사례와 분쟁해결 방안 연구〉 고려대학교 산학협력단, 2015

《상생도시》 조성찬 지음, 알트, 2015
〈상위 1퍼센트 다주택자 주택 소유 현황〉 경실련
〈서울 아파트값 30년간 변화 실태 분석〉 경실련
〈서울 거주 1인 가구 실태 조사 및 기본계획 수립 연구용역〉 서울특별시
《서울, 젠트리피케이션을 말하다》 성공회대 동아시아연구소 지음, 푸른숲, 2016
〈서울의 집, 그 욕망과 미망의 역사〉 송은영 지음
《선대인, 미친 부동산을 말하다》 선대인 지음, 웅진지식하우스, 2013
《세계와 도시》(21호) 서울특별시·서울연구원
《세습 중산층 사회》 조귀동 지음, 생각의힘, 2020
〈소득과 자산에 따른 차별 출산력〉 최은영 외 지음
《소유는 춤춘다》 홍기빈 지음, 책세상, 2007
《소유의 종말》 제레미 리프킨 지음, 이희재 옮김, 민음사, 2001
《시장은 정의로운가》 이정전 지음, 김영사, 2012
《아버지의 나라, 아들의 나라》 이원재 지음, 어크로스, 2016
《아파트 게임》 박해천 지음, 휴머니스트, 2013
《아파트 공화국》 발레리 줄레조 지음, 길혜연 옮김, 후마니타스, 2007
〈아파트 공화국에 더해져야 할 장소적 시·공간〉 문정필 지음
《아파트의 문화사》 박철수 지음, 살림, 2006
《액체 근대》 지그문트 바우만 지음, 이일수 옮김, 강, 2009
《우리 마을 이야기》 오제 아키라 지음, 이기진 옮김, 길찾기, 2012
《위기의 부동산 : 시장만능주의를 넘어》 이정전 외 지음, 후마니타스, 2009
《유러피언 드림》 제레미 리프킨 지음, 이원기 옮김, 민음사, 2005
〈유럽국가의 사회주택 현황과 지원정책에 관한 사례연구〉 임병권 외 지음
〈유형별 주거빈곤가구의 차이〉 임세희 외 지음
《인권의 대전환》 샌드라 프레드먼 지음, 조효제 옮김, 교양인, 2009
《자본과 이데올로기》 토마 피케티 지음, 안준범 옮김, 문학동네, 2020
《자본의 본성에 관하여 외》 소스타인 베블런 지음, 홍기빈 옮김, 책세상, 2018
〈자본주의 사적 토지소유의 역사적 한계와 대안적 토지재산권의 구성〉 김용창 지음
《자본주의 역사 바로 알기》 리오 휴버먼 지음, 장상환 옮김, 책벌레, 2000
《장소와 장소상실》 에드워드 렐프 지음, 김덕현 외 옮김, 논형, 2005
〈정부의 부동산 대책과 주요 언론 보도 경향 분석〉 채영길 외 지음
〈정책과 은유: 신문 기사문에 나타난 부동산시장 은유〉 임혜원 지음
《젠트리피케이션 쫌 아는 10대》 장성익 지음, 풀빛, 2019
《존재와 공간 – 하이데거 존재의 토폴로지와 사상의 흐름》 강학순 지음, 한길사, 2011
〈주거 젠트리피케이션 현상에 관한 특성 연구 – 서울시를 중심으로〉 진선미 외 지음
〈주거권의 법리에 관한 고찰〉 임숙녀 외 지음
〈주거권의 의미와 현실〉 박병수 지음
〈주거권의 재산권적 재구성 : 강제퇴거금지법 제정운동에 붙여〉 이계수 지음
〈주거복지, 주거권 그리고 주거빈곤의 실태〉 김선미 지음
〈주거 유형이 결혼과 출산에 미치는 영향〉 한국경제연구원
〈주요국의 토지가격 장기추이 비교〉 이진수 외 지음
《지공주의》 김윤상 지음, 경북대학교출판부, 2009

《진보와 빈곤》 헨리 조지 지음, 김윤상 옮김, 비봉출판사, 2016
《진보와 빈곤 - 땅은 누구의 것인가》 김윤상 외 지음, 살림, 2008
〈청년가구의 주거빈곤에 영향을 미치는 요인에 관한 연구〉 김비오 지음
〈토지 불로소득과 분배정의〉 이승환 지음
《토지경제학》 이정전 지음, 박영사, 2015
〈토지공개념 관련 국내외 입법례 조사〉 국회입법조사처
〈토지공개념 명문화의 헌법적 의미〉 김용태 지음
《토지공개념, 행복한 세상의 기초》 김윤상 지음, 한티제, 2018
〈토지공개념의 헌법적 쟁점과 전망〉 정영화 지음
《토지를 중심으로 본 경제 이야기》 전강수 지음, 도서출판CUP, 2002
〈토지문제에 대한 4가지 패러다임〉 이정전 지음
〈토지의 공공성 : 개발 이익 환수 규모 추정과 개발부담금제도 개선 방안 연구〉 변창흠 외 지음
《토지의 경제학》 전강수 지음, 돌베개, 2012
《토지정의, 대한민국을 살린다》 이태경 외 지음, 평사리, 2012
《토지정책론》 김윤상 지음, 한국학술정보, 2003
〈통계로 보는 부동산 투기〉 손낙구 지음
《패닉 이후》 마이클 루이스 지음, 이규장 외 옮김, 21세기북스, 2008
〈학교 진로 교육 지표 조사〉, 교육부
〈한국의 토지 문제와 경제 위기〉 전강수 외 지음
〈헌법 개정과 토지공개념〉 김광수 지음
《헨리 조지와 지대개혁》 강남훈 외 지음, 경북대학교출판부, 2018
《10대와 통하는 땅과 집 이야기》 손낙구 지음, 철수와영희, 2013
〈2019 주택소유통계〉 통계청
〈2019 〈토지소유현황〉 분석 : 토지 소유는 얼마나 불평등한가?〉 남기업 외 지음
〈2019년 국민대차대조표〉 통계청
〈2019년도 부패 인식도 조사〉 국민권익위원회
〈2019년도 주거 실태 조사〉 국토교통부
〈2020년 지적통계연보〉 국토교통부
《21세기 자본》 토마 피케티 지음, 장경덕 옮김, 글항아리, 2014
〈Land Policies for Growth and Poverty Reduction〉 World Bank Group

단행본은 《》로, 논문 및 보고서 등은 〈〉로 표기합니다.